Prof. Dr. Helmut Bruse

Management internationaler Geschäftsbeziehungen

Work smarter - Bildung von Unternehmensnetzwerken

UNIVERSITY OF APPLIED SCIENCES

FACHHOCHSCHULE DER WIRTSCHAFT
STAATLICH ANERKANNT

Bibliografische Information der Deutschen Nationalbibliothek:
Die Deutsche Nationalbibliothek verzeichnet diese Publikation
In der Deutschen Nationalbibliografie, detaillierte bibliographische
Daten sind im Internet über http//dnbdnb.de abrufbar.

© 2014 Helmut Bruse
Herstellung und Verlag
BoD – Books on Demand, Norderstedt

ISBN: 978-3-7347-4626-0

Vorwort

Innerhalb des Forschungsschwerpunktes „Managementsysteme und –kulturen" wurde im Jahr 2012 an der Fachhochschule der Wirtschaft (FHDW) in Bergisch Gladbach ein Forschungsprojekt „Internationale Unternehmensnetzwerke von mittelständischen Unternehmen" initiiert. Das Projekt untersuchte an der Schnittstelle zwischen internationalem Management und kleinen sowie mittleren Unternehmen (KMU) dyadische Beziehungen und netzwerkartige Strukturen. Die zunehmende Globalisierung der Märkte und der verstärkte Wettbewerb durch internationale Konkurrenz, auch im Mittelstand, spiegeln das erhöhte Erkenntnisinteresse unter dem Aspekt der anwendungsorientierten Forschung wider. Das Forschungsvorhaben verfolgte daher das Ziel, einerseits Einblicke in die vielfältigen Verstrebungen und Aktivitäten von KMU auf internationalen Zuliefer-, Kunden- und Logistikmärkten zu erhalten, andererseits mittelständischen Unternehmen Handlungsempfehlungen für das Management ihrer internationalen Geschäftsbeziehungen mit an die Hand zu geben.

Zu diesem Zweck muss im ersten Schritt der theoretische Rahmen von internationalen Geschäftsbeziehungen innerhalb der Wertschöpfungskette untersucht werden. Professor Helmut Bruse hat als Projektleiter in der vorliegenden Studie das theoretische Grundgerüst aufgestellt, daraus Strategien für internationale Aktivitäten abgeleitet und abschließend die damit verbundenen organisatorischen Aspekte beleuchtet. Diese Analyse ist für weitere empirische Untersuchungen eine sehr wertvolle Basis. Dafür gilt ihm mein herzlicher Dank.

Daneben geht mein Dank an die Geschäftsführung der FHDW NRW gGmbH, die die Studie durch einen Forschungsförderfond ermöglicht hat, sowie den Forschungsbeirat der FHDW, der das Projekt durch wertvolle Hinweise bereichert hat.

Die vorliegende Studie leistet einen weiteren Beitrag zur Profilierung der FHDW als Hochschule nicht nur mit praxisnaher Lehre, sondern auch mit Forschung, die theoretische Aspekte mit Anwendungsorientierung verknüpft.

Bergisch Gladbach, im Dezember 2014

Prof. Dr. Stefan Kayser
Leiter der FHDW in Bergisch Gladbach

Inhalt

1 Einleitung

Das Phänomen der Globalisierung bestimmt heute den Alltag, ausländische Produkte begleiten uns den ganzen Tag und sind uns selbstverständlich geworden. Seit 1990 hat sich die weltwirtschaftliche Verflechtung stark intensiviert. Globalisierung gilt als einer der wichtigsten ökonomischen (und gesellschaftlichen) Trends im ausklingenden 20. Jahrhundert. Die weltwirtschaftliche Entwicklung betrifft nicht nur Großunternehmen. Es gibt ebenfalls Nischenmarktführer (Hidden Champions), aber auch andere mittelständische Unternehmen, die weltweit tätig sind und ihre Zuliefer- und Abnehmernetzwerke weltweit steuern.

Vor diesem Hintergrund wurde ein Forschungsprojekt initiiert, das sich mit den internationalen Geschäftsbeziehungen von mittelständischen Unternehmen innerhalb ihrer Wertschöpfungskette befasst. Es betrifft auf der einen Seite die Untersuchung von mittelständischen Unternehmen, auf der anderen Seite die Thematik des internationalen Managements. Unter dem zweiten Aspekt geht es speziell um die Charakteristika von internationalen Geschäftsbeziehungen. Gegenstand einer derartigen Fragestellung sind die Erfassung der Komplexität der internationalen Geschäftsbeziehungen (Kooperationen oder Netzwerke auf der Ebene von Lieferanten und Kunden), Effekte, Erfolgsfaktoren sowie Risiken, die sich aus den verschiedenen charakteristischen Typen ergeben, und die Auswirkungen von unterschiedlichen Typen und Strukturen komplexer Geschäftsbeziehungen auf die Wettbewerbsfähigkeit.

Unter dem Aspekt des internationalen Managements werden im Folgenden unter theoretischen Gesichtspunkten internationale Geschäftsbeziehungen sowohl unter dem Bezug zu den Kernprozessen der Wertschöpfungsaktivitäten als auch unter Bezug zu Führungsprozessen und der Organisation diskutiert. Zunächst wird im 2. Abschnitt die theoretische Basis internationaler Unternehmensführung dargestellt und zwar sowohl auf Basis organisationstheoretischer Erklärungsansätze als auch mittels der Ansätze zur Strategieforschung. Im 3. Abschnitt werden dann Strategien für internationale Geschäftsbeziehungen erörtert, speziell die Gestaltung der Kernprozesse Supply-Chain-Prozess und Marktbearbeitung. Die Organisation internationaler Geschäftsbeziehungen wird dann im 4. Abschnitt behandelt. Hier werden Themen wir Modularisierung von Unternehmen, Kooperative Vereinbaren (Allianzstrategien) sowie Netzwerke mit der Problematik Netzwerkmanagement behandelt. Abgeschlossen wird die Ausarbeitung dann mit einem Fazit und Ausblick im 5. Abschnitt.

2 Theoretische Basis internationaler Unternehmensführung

2.1 Aufgaben internationaler Unternehmensführung

Knappheit bildet eine grundlegende Ursache für ökonomische Phänomene wie Tausch, Arbeitsteilung, Märkte, Unternehmen oder Wettbewerb. Wirtschaften bedeutet, rationale Entscheidungen über die Verwendung knapper Ressourcen zur Erfüllung gegebener Zwecke zu treffen. Der Zweck von Unternehmen besteht in diesem Zusammenhang in der wirtschaftlichen Wertschöpfung.

Den größten Beitrag zur Minderung der Knappheit leisten Arbeitsteilung und Spezialisierung. Diese Aktivitäten sind verbunden mit den Aufgaben von Abstimmung und Tausch. Es entstehen Koordinationsprobleme (d.h. Probleme der Information, des Nichtwissens) und Motivationsprobleme bzw. Interessenkonflikte (z.B. ein Akteur verfolgt andere Ziele als der Auftraggeber oder Probleme des Nichtwollens). Damit gewinnen Abstimmungs- und Koordinationsprobleme an Bedeutung; es ist das Organisationproblem zu lösen. Als Kernaufgabe der Unternehmensführung kann man dementsprechend die Unternehmens-Umwelt-Koordination bezeichnen.

Das Phänomen der Führung ist in allen hierarchisch aufgebauten Institutionen zu beobachten. Im Hinblick auf die angestrebten Ziele ergeben sich wechselseitige Handlungen und Interaktionen, die es zu regeln, zu koordinieren gilt. Diese Organisationsaufgabe erstreckt sich nicht nur auf die Koordination und Führung von Menschen, sondern auch auf die im Wertschöpfungsprozess eingesetzten Mittel und zwar Sachmittel und immateriellen Güter wie Rechte, Pflichten oder speziell auch Informationen.

Unternehmensführung kann nach Macharzina und Wolf als Gesamtheit der Handlungen der verantwortlichen Akteure bezeichnet werden, die die Gestaltung und Koordination der Unternehmens-Umwelt-Interaktion im Rahmen des Wertschöpfungsprozesses zum Gegenstand haben (Macharzina/Wolf 2008, S.44).

Im Rahmen des internationalen Managements sind vor allem die Ziele der Internationalisierung zu betrachteten. Wesentliche Ziele der Internationalisierung können sein:

- Suche nach neuen Märkten,
- Suche nach neuen Ressourcen,
- Suche nach Effizienz,
- Suche nach Strategischen Investitionen.

Gerade bei international tätigen Unternehmen besteht die Notwendigkeit einer koordinierenden Abstimmung. Es ergeben sich nicht nur tendenziell hohe Kosten durch Reisetätigkeit, sondern es müssen vor allem auch Doppelarbeiten, z.B. durch inkonsistente Datenbasen, vermieden werden. Insofern kommt der Koordination von Entscheidungen und Aktivitäten und deren Abstimmung eine entscheidende Rolle zu, wobei es vor allem um den Informationsaustausch und allgemein der Kommunikation geht. Diese werden stark geprägt von der Entwicklung der Informations- und Kommunikations-Technologien (z.B. E-Mail, Mobiltelefon, Inhouse WWW, Mobile Computing). Diese Veränderungen haben jedoch auch Einfluss auf die internationalen Geschäftsbeziehungen, die Bearbeitung von Märkten, der Organisation des (internationalen) Unternehmens und der Unternehmensführung. Speziell die Frage nach Dezentralisierung und Zentralisierung muss unter diesen Gegebenheiten neu beantwortet werden. Informationen können kostengünstiger ausgetauscht werden und auch die schlechtere Entscheidungsqualität auf Grund von Marktferne verringert sich tendenziell durch schnellere und präzisere Information. Bei der Bestimmung der optimalen Zentralisation im Spannungsfeld von Autonomiekosten und Koordinationskosten verschiebt sich diese durch eine flachere Koordinationskostenkurve hin zu einem höheren optimalen Zentralisationsgrad (siehe Abbildung 1).

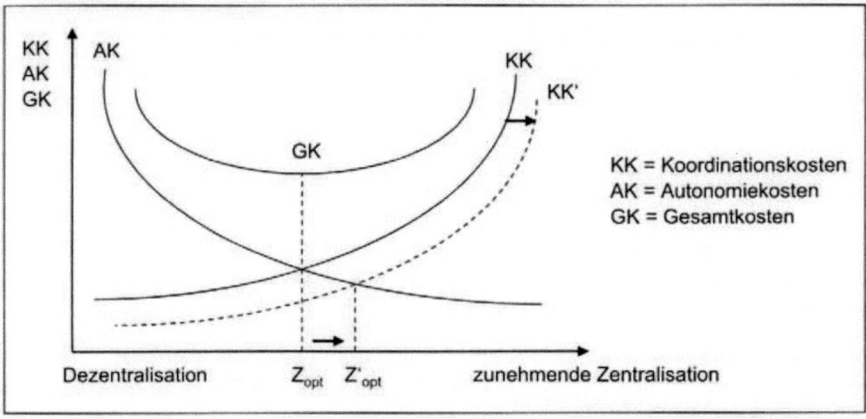

Abb. 1: Ökonomische Wirkungen moderner Informations- und Kommunikationstechnologie; Quelle: Meckl 2010, S.155

Durch die Nutzung der neuen Kommunikationsnetze verschaffen sich Unternehmen weltweiten Zugang zu Märkten, die früher schwer zu erreichen waren, es findet eine Internationalisierung der Märkte statt. Damit vollziehen sich tiefgreifende Veränderungen in den Wettbewerbsbedingungen. Globalisierung ist das Zeichen der Zeit. Unternehmen stehen im Spannungsfeld der Globalisierung – sie sind sowohl Treiber als auch Getriebene der Globalisierung (Bruse 2011). Die internationalen Geschäftsbeziehungen innerhalb der Wertschöpfungskette ändern sich. Sie sind z.b. gekennzeichnet durch Globalisierung der Ressourcenbeschaffung, neue Formen der Arbeitsorganisation oder neue Unternehmensformen wie Netzwerkstrukturen. Veränderungen in der Wettbewerbsstruktur, dem Zusammenspiel von Unternehmen und Märkten wie z.B. Auflösung von Hierarchien, Symbiosen und Kooperationen, virtuelle Unternehmen stellen neue Herausforderungen dar.

Eine wichtige Frage besteht darin wie sich die Prozesse gestalten. Die Tauschvorgänge zwischen Anbietern und Nachfrager erfolgen auf einem Markt; dies ist eine Möglichkeit die Austauschbeziehungen aufgrund von Arbeitsteilung und Spezialisierung zu realisieren. Es ist der ökonomische Ort, auf dem Güterangebot und –nachfrage zusammen treffen. Die Theorien des Marktes befassen sich mit der Frage, wie Handlungen dezentral koordiniert werden können.

Von Bedeutung für die wirtschaftliche Tätigkeit ist jedoch auch, wie Information und Koordination innerhalb einer Organisation, einer Unternehmung, innerhalb einer Institution bewältigt werden können. Die Entwicklung von Institutionen und deren Auswirkung auf menschliches Verhalten versucht die „Neue Institutionenökonomik" zu erklären (Property-Rights-Theorie, Transaktionskostentheorie, Principal-Agent-Theorie). Die Entstehung von Institutionen ist im engen Zusammenhang mit der Koordinations- und Motivationsaufgabe zu sehen, denn sie entstehen überall dort wo deren Schaffung und ihre Beachtung zu einem höheren Nutzenniveau führen als bei einem nicht durch Institutionen organisiertem Verhalten. In diesem Zusammenhang bilden überwachungsbedürftige Normen ein wichtiges Element.

Zur Lösung von Koordinations- und Motivationsproblemen sind Verträge eine geeignete Institution. Einerseits legen sie fest wie sich die Vertragspartner zu verhalten haben (Koordinationsaspekt), und andererseits die Sanktionen, die zu erwarten sind, wenn sie sich nicht vertragskonform verhalten (Motivationsaspekt).

Diesen Aspekt wollen wir im Folgenden jedoch nicht weiter verfolgen. Vielmehr geht es um Aspekte einer Theorie des internationalen Unternehmens mit Blick auf die Frage Koordination über den Markt oder über die Unternehmensorganisation bzw. um die theoretischen Beiträge der Strategieforschung im Zuge der Gestaltung von (internationalen) Geschäftsbeziehungen.

2.2 Organisationstheoretische Erklärungsansätze

Im Rahmen einer Fundierung des Verhaltens von Unternehmen und der Ausgestaltung der Unternehmensführung können organisationstheoretische Erklärungsansätze herangezogen werden. Eine Basis bildet hier u.a. die *Neue Institutionenökonomie*", deren Ziel darin besteht, effiziente institutionelle Regelungen zur Organisation des Austauschs von ökonomischen Leistungen abzuleiten. Anhand von Konzepten der Mikroökonomie werden Institutionen wie Verträge, Hierarchien oder Märkte analysiert (z.B. Baltes 2004 oder Horsch 2005). Dabei sind diese Institutionen interpretierbar als mögliche Koordinationsformen arbeitsteiliger wirtschaftlicher Aktivitäten in und außerhalb von Unternehmen. Somit liefern institutionenökonomische Ansätze eine Begründung der Existenz und der Effizienz von Organisationen. Im Zusammenhang mit der Unternehmens-Umwelt-Koordination interessiert hier speziell die Marktorganisation bzw. Marktstruktur. Erklärungsansätze hierzu liefert die Transaktionskostentheorie bzw. unter deren Anwendung die Internalisierungstheorie.

(a) Transaktionskostentheorie

Die Basisfrage des Transaktionskostenansatzes lautet: Warum werden nicht alle ökonomischen Transaktionen über den Markt abgewickelt? Transaktionen sind – entgegen der Auffassung der klassischen Wirtschaftstheorie – nicht kostenlos, man kann bestimmte Transaktionen effizienter organisationsintern, d.h. innerhalb der Unternehmung, durchführen. Die drei charakteristischen Koordinationsformen Hierarchie, Markt und Hybridform (mehr oder minder langfristige Geschäftsbeziehungen, die zwischen Markt und Hierarchie angesiedelt sind) weisen in Abhängigkeit von Spezifität und Unsicherheit unterschiedlich hohe Transaktionskosten auf. Dies ist die zentrale Aussage der Transaktionskostentheorie.

Der für Koordination und Motivation entstehende Ressourcenverbrauch, die dadurch entstandenen Kosten, bezeichnet man als Transaktionskosten (vgl. z.B. Picot 1982). Man kann Transaktionskosten als Kosten für die „Produktion" einer Organisationsleistung interpretieren. Es handelt sich vor allem um Kosten der Information und der Kommunikation, die zur Vorbereitung, Durchführung und Überwachung von Arbeitsteilung und Spezialisierung sowie von Tausch und Abstimmung entstehen. Dabei ist die Höhe der Transaktionskosten von der jeweiligen Transaktion und deren Spezifität abhängig.

Diese Überlegungen führen zur Transaktionskostentheorie (vgl. u.a. Coase 1937, Teece 1984, Williamson 1975 und 1990). Betrachtungspunkte sind einzelne Transaktionen (eindeutig akzeptierte Transaktionskosten liegen noch

14

nicht vor, weit verbreitet ist z.B. die anschauliche Einteilung nach Picot 1982, S. 270), wobei hier im Folgenden unterschieden wird in Kosten der Marktlösung und Kosten der Organisationslösung.

(a1) Kosten der Marktlösung

Die Kosten der Marktlösung lassen sich nach ex-ante- und ex-post-Transaktionskosten unterscheiden.

Zu den ex-ante-Transaktionskosten zählen:

- Suchkosten (z.B. Informationskosten, Kosten der Lokalisierung von möglichen Vertragspartnern),
- Anbahnungskosten (z.B. Recherche, Reisen, Beratung),
- Kosten der Vereinbarung (z.B. Verhandlung, Vertrags-formulierung, Rechtsabteilung, Einigung).

Als ex-post-Transaktionskosten gelten:

- Abwicklungskosten (z.B. Prozesssteuerung in Form von Tauschkosten, Abwicklungsgebühren),
- Kosten der Steuerung und Kontrolle (z.B. Qualitäts- und Terminüberwachung, Absicherung der Vertragsbedingungen, Einklagung von Leistungen),
- Anpassungskosten (z.B. Nachverhandlungen bzw. Konditionenanpassung im Rahmen von Vertragsänderungen, Zusatzkosten aufgrund nachträglicher qualitativer, preislicher oder terminlicher Änderungen, Lösung von Konflikten).

Man versucht das institutionelle Arrangement zu erreichen, das zwischen den Transaktionspartnern bzgl. der ökonomischen Austauschbeziehungen eine kostenminimale Abwicklung gewährleistet. Dabei werden diese Transaktionen beeinflusst von den (kostenwirksamen) Transaktionscharakteristika wie:

- die Spezifität der für eine Transaktion notwendigen Investitionen,
- die Unsicherheit der Handlungsumwelt,
- die Häufigkeit der Transaktionen.

Insbesondere die Häufigkeit ist von Bedeutung, denn je häufiger die Transaktionspartner identische Transaktionen miteinander durchführen, umso höhere Skaleneffekte lassen sich realisieren. Diese besitzen ebenfalls entscheidenden Einfluss auf die gewählte Transaktion.

Speziell bzgl. der Spezifität lassen sich weiter folgende Arten unterscheiden (vgl. Williamson 1990):

- Standortspezifität (Investitionen in ortgebundene Anlagen),
- Spezifität des Sachkapitals (Investitionen in spezifische Maschinen und Technologien),
- Spezifität des Humankapitals (Investitionen in spezifische Mitarbeiter-qualifikationen),
- Zweckgebundene Sachwerte (Investitionen in an sich unspezifische Anlagen, die jedoch bei Wegfall der Transaktionen Überkapazitäten darstellen würden).

Von Bedeutung ist ebenfalls das Verhalten der Transaktionspartner, wobei von zwei wesentlichen Annahmen ausgegangen wird, die das menschliche Verhalten charakterisieren:

- Begrenzte Rationalität und

- Opportunismus (d.h. individuelle Nutzenmaximierung einschließlich Arglist und Täuschung).

Auch diese beeinflussen die Transaktionskosten. Mit diesen Beiden Verhaltensannahmen lässt sich erklären warum manche Kosten erst entstehen und warum die Höhe der Transaktionskosten zuweilen zunimmt.

(a2) Kosten der Organisationslösung

Innerhalb der Koordinationskosten ist an Kosten der Planung, der Organisation, der Führung, der Information und Kommunikation zu denken (allerdings wird diesen Kosten bei dieser Theorie weit weniger Aufmerksamkeit zuteil als den Transaktionskosten).

(a3) Auswahl effizienter Regelungen

Die Entscheidung zwischen den beiden Koordinationsformen Preissystem oder Hierarchiesystem, d.h. zwischen Markt und Unternehmung (Organisation) wird durch Abwägung der Kosten getroffen. Sobald die Kosten des Marktes höher ausfallen wählt man die Hierarchielösung, d.h. man internalisiert den Markt. Das Effizienzkriterium lautet dann: Wähle die institutionelle Form der Austauschbeziehung, die die Transaktionskosten minimiert (siehe auch Ebers/Gotsch 2006, S.277). Die Auswahl effizienter Regelungen auf Basis der Transaktionskostentheorie lässt sich graphisch wie folgt darstellen:

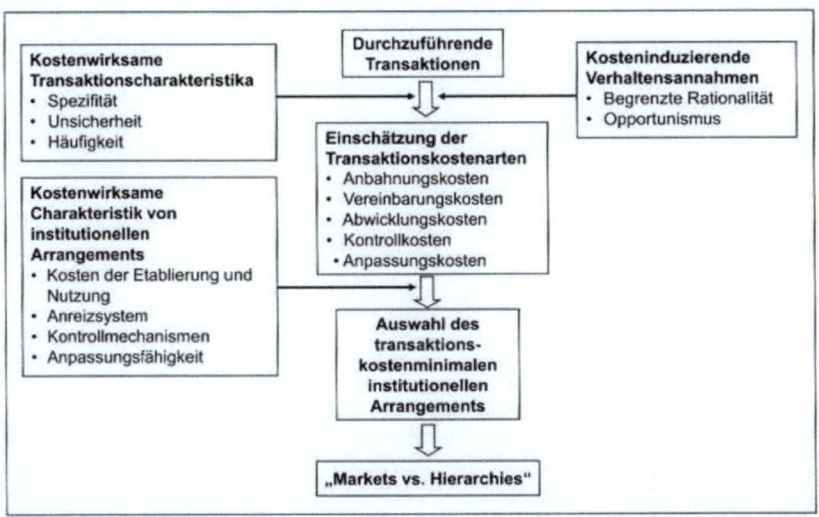

Abb. 2: Auswahl effizienter Regelungen auf Basis der Transaktionskostentheorie; Quelle: Meckl 2010, S. 77

Im Extrem lassen sich Transaktionen über den Markt oder im Unternehmen („hierarchy") durchführen. Unter dem Blickwinkel der internationalen Geschäftsbeziehungen bedeutet die Abwicklung über den Markt, Transaktionen mittels Export (oder Import) durchzuführen, während eine unternehmensinterne Lösung die Durchführung von Direktinvestitionen umfasst. Allerdings lassen sich die Transaktionskosten nur äußerst schwierig operationalisieren und noch schwieriger quantifizieren, so dass eine Transaktionskostenrechnung (siehe hierzu Albach 1988, für einen Versuch z.B. Matje 1996) noch nicht zur Verfügung steht.

Der Transaktionskostenansatz betrachtet alternative Formen des Leistungstransfers, generell den Austausch von Gütern, zwischen den wirtschaftlichen Akteuren - sie kann so gesehen auch als eine „interaktionsorientierte Verfügungsrechtstheorie" begriffen werden (Macharzina/Wolf 2008, S. 57).

Die Regelungen der Transfers bzw. die Transaktionsformen hatte bereits Commons 1931 gekennzeichnet durch die drei Charakteristika:

- Interessenkonflikte (conflict),
- deren gegenseitige Abhängigkeit (dependence) und
- Ordnung (order).

Diese sind auch bekannt als Konfliktmechanismus (Commons-Triple). Generell sind sie von Bedeutung für die spezielle Ausgestaltung der Organisationsbeziehung, den Umfang der Internalisierung und letztlich der Marktstruktur.

Unter Bezug auf internationale Geschäftsbeziehungen ergibt sich ein spezieller Aspekt: die Internationalisierung von Know-how und Erfahrung. In diesem Zusammen geht es auch um die Frage von Schutz der Eigentums- und Verfügungsrechte und der Verhinderung von Wissensabflüssen und der Abwicklung dieser Aufgaben innerhalb des Unternehmens, der Internalisierung dieser Aktivitäten.

(b) Internalisierungstheorie

Das Problem der Verteilung der Verfügungsrechte wird durch die Transaktionskostentheorie abgebildet, wobei diese die theoretische Grundlage der sog. Internalisierungstheorie im Internationalen Management bildet. Die Internalisierungstheorie hat die Fragestellung zum Gegenstand, unter welchen Bedingungen Unternehmen bestimmte Aktivitäten innerhalb des Unternehmens abwickeln, in das Unternehmen „hineinholen", d.h. internalisieren. Sie thematisiert vor allem die Bedingungen, unter denen Unternehmungen bestimmte Aktivitäten intern vollziehen und beantwortet die Frage nach dem „Wie?" der Internationalisierung. Es handelt sich dabei also im Kern um die Übertragung transaktionskostentheoretischer Überlegungen.

Wann macht Internalisierung nun konkret Sinn? Es werden gerade Güter internalisiert werden, die immaterielle bzw. intangible Ressourcen (hierzu auch Hall 1992) von Unternehmen darstellen, z.B. Informationen, Fähigkeiten, Fertigkeiten und Kompetenzen. Es handelt sich also um Wissen, das nur teilweise in Form von Dokumenten ausgetauscht werden kann, z.B. durch Patente, Copyrights oder Lizenzen. Diese lassen sich nur unter besonderen Schwierigkeiten über den Markt beziehen.

Speziell der Handel mit Wissen ist äußerst schwierig. Zum einen kann der Wert des Wissens für den potenziellen Käufer nur schwer kommuniziert werden, zum anderen verliert Wissen an Wert, wenn es offen gelegt wird. Auch das Bekanntwerden an Dritte und die Verwendung durch Dritte kann nicht (immer) ausgeschlossen werden (Arrow-Paradoxon). Internalisierung ist bei wissensintensiven Gütern also nicht nur eine Frage der Kosten, sondern evtl. die einzig mögliche bzw. sinnvolle Alternative (siehe hierzu auch Kutschker/Schmid 2011, S. 456).

Mit Bezug zur Internationalisierung kann man den Transaktionskostenansatz auf multinationale Unternehmen übertragen und daraus die Theorie der Internalisierung entwickeln (Buckley/Casson 1991). Das Entstehen von multinationalen Unternehmen wird betrachtet als Ergebnis der Internalisierung von unvollkommenen Märkten, speziell Märkte für Zwischenprodukte oder immaterielle Ressourcen wie Erfahrung, Know-how im Bereich Forschung und Entwicklung oder in der Distribution. Wenn sie unternehmensintern international kostengünstiger als über Auslandsmärkte disponiert werden können, kommt es zu Direktinvestitionen im Ausland (und damit zu multinationalen Unternehmen). Gerade in Branchen mit einer hohen Forschungsintensität weisen internationale Unternehmen einen höheren Internalisierungsgrad auf wie Buckley und Casson empirisch ermittelten (Buckley/Casson 1991). Auch Teece sieht die Vorteile von Direktinvestitionen zum Erwerb und Ausbau von Know-how. Er beschreibt dazu Formen der Rückwärts- und Vorwärtsintegration (z.B. Erhöhung der Versorgungsicherheit durch die Internalisierung der Beschaffung von Rohstoffen oder erhöhte Planbarkeit für die Produktion durch Internalisierung des Absatzbereiches), weist jedoch ebenfalls auf Internalisierungsvorteile im Finanzbereich hin, da auch der Kapitalmarkt Unvollkommenheiten unterworfen sein (Teece 1981 und 1986).

(c) Schlussfolgerungen

Um Direktinvestitionen zu tätigen braucht man Finanzkraft – dies ist bei kleinen und mittleren Unternehmen (KMU) weniger der Fall als bei multinationalen Unternehmen (MNU), aber auch bei Großunternehmen ist die Durchführung von Direktinvestitionen nicht immer einfach. Ein Ansatzpunkt zur Lösung dieser Schwierigkeiten ist Bildung von Kooperationen. Allerdings ist zu beobachten, dass MNU diese später in Investitionen bzw. Übernahmen umwandeln; hierin besteht eine nicht zu unterschätzende Gefahr für KMU.

Unter dem Aspekt der Internalisierungstheorie kann man im Hinblick auf die Internationalisierung folgende Grundaussage treffen: Grenzüberschreitende Transaktionen können Unternehmungen entweder über den Markt (Export und Lizenzen) abwickeln oder sie können sie internalisieren (Tätigen von Direktinvestitionen).

Bezogen auf multinationale Unternehmen kann man die Hauptaussage der Transaktionskostentheorie bzw. der Internalisierungstheorie wie folgt zusammenfassen: „Zur Internalisierung von Aktivitäten in Form von Direktinvestitionen kommt es immer dann, wenn Transaktionen entweder intern günstiger abgewickelt werden können oder wenn Transaktionen beabsichtigt sind, die über den

Markt aufgrund von marktlichen Unvollkommenheiten gar nicht oder nur erschwert (z.B. wegen hoher Kosten) möglich sind (Kutschker/Schmid 2011, S.458). Jedoch bilden Transaktions- und Koordinationskosten nur einen Aspekt; hinzukommen Effekte wie Flexibilitäts- und Risikoüberlegungen.

Zwischen den beiden Extremformen Markt und Hierarchie gibt es in der Realität weitere Organisations- und Koordinationsformen, ein vielfältiges Spektrum an Zwischenformen und Mischformen (Bradach/Eccles 1989), z.b. langfristige Unternehmens-kooperationen, strategische Allianzen, Netzwerke (hybride Organisationformen). So kann man die einzelnen Integrationsformen in Abhängigkeit von den Transaktionskosten und der Spezifität darstellen. So haben Unternehmen (Hierarchien) unabhängig von der Spezifität die höchsten fixen Transaktionskosten, z.b. der bürokratische Apparat. Sie stellt jedoch eine Vielzahl von Anreiz- und Kontrollmechanismen bereit, die besonders die Durchführung spezifischer Transaktionen erleichtert. Markttransaktionen dagegen zeichnen sich durch die geringsten Fixkosten aus. Da längerfristige vertragliche Bindungen fehlen, sind die variablen Transaktionskosten zusätzlicher Spezifität sehr hoch (siehe Abbildung 3) Auch hier ergeben sich Veränderungen durch die Verbesserung der Informations- und Kommunikationstechnik. Sie reduzieren die Transaktionskosten und führen damit zu einer Vermarktlichung wirtschaftlicher Leistungserstellung (Move-to-the-Market-Hypothese – vgl. Malone/Yates /Benjamin 1987). Der Zusammenhang lässt sich graphisch wie folgt darstellen:

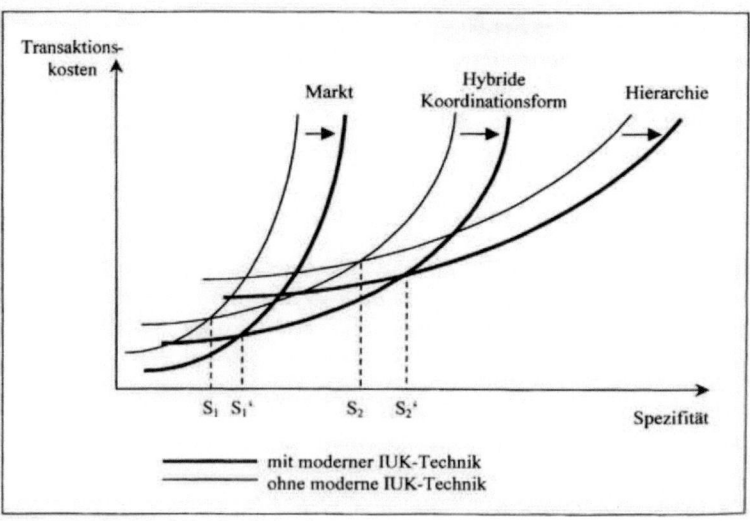

Abb. 3: Move-to-the-Market durch sinkende Transaktionskosten; Quelle: Picot/ Reichwald/Wigand 2003, S. 72 in Anlehnung an Picot/ Ripperger/Wolf 1996, S. 71)

So entstehen durch Vernetzung unternehmensübergreifende Informations- und Kommunikationssysteme, die nicht nur eine bessere Steuerung der gesamten Wertschöpfungskette zulassen, sondern auch eine Tendenz zu Kooperationen und Netzwerkorganisationen unterstützen.

Abschließend kann man folgende These formulieren:

Zunehmend wird dies nicht auf Großunternehmen bzw. multinationale Unternehmen (MNU) beschränkt bleiben sondern auch für mittlere Unternehmen (KMU) neue Chancen eröffnen.

2.3 Ansätze zur Strategieforschung

Zur Lösung der Unternehmens-Umwelt-Koordination und zur Ableitung von (internationalen) Geschäftsbeziehungen kommt der Strategieformulierung eine herausragende Bedeutung zu. In diesem Zusammenhang müssen bei der Strategieentwicklung einerseits die Umwelt und andererseits die eigenen Ressourcen, Fähigkeiten und Kompetenzen berücksichtigt werden. Unter theoretischen Aspekten haben hierbei die Industrieökonomischen Ansätze sowie die Ressourcenbasierten Ansätze eine besondere Bedeutung erhalten.

(a) Industrieökonomische Ansätze (Betonung der Umwelt)

Ausgangspunkt bildet die Erklärung des Wettbewerbsverhaltens, mit dem Zusammenhang zwischen Branchenstruktur und Unternehmenserfolg, d.h. der Erfolg einzelner Unternehmen (bzw. einer Gruppe von Unternehmen in einer Branche) wird determiniert durch Strukturmerkmale der Branche. Im Zusammenhang mit der Verhaltensorientierten Perspektive spricht man vom sog. Structure-Conduct-Performance-Paradigma (vgl. z.B. Bain 1951, Schwalbach 1994), d.h. danach bestimmt die Branchen- oder Marktstruktur (structure) das strategische Verhalten (conduct) der Unternehmen einer Branche und schließlich deren Erfolg (performance). Die industrieökonomische Forschung („market-based-view", MBV-Ansatz) verfolgt das Ziel, die Profitabilität ganzer Industrien bzw. Branchen zu erklären.

Es konnte empirisch gezeigt werden, dass sich auf den Unternehmenserfolg insbesondere folgende Strukturmerkmale positiv auswirken:

- Höhe der Eintrittsbarrieren (Bain 1956),

- Größenkonzentration der Anbieter im Markt (Bain 1968),

- Grad der Produktdifferenzierung (Bain 1968).

Oftmals werden Marktstrukturen vor allem anhand der Wettbewerbsintensität beschrieben. Durch geeignete Positionierung in attraktiven Märkten sind Unternehmen in der Lage dauerhafte und verteidigungsfähige Wettbewerbsvorteile zu erlangen und sich einen nachhaltigen Unternehmenserfolg zu sichern (vgl. Porter 2010, S.63ff, originär Porter 1980). Dabei sind attraktive Märkte gekennzeichnet durch geringe Wettbewerbs-intensität und eine hohe Zahlungsbereitschaft der Nachfrager.

Im Kontext der Betrachtung des Wettbewerbsumfeldes ist das auf Porter (1980) zurückgehende Fünf-Kräfte-Modell der Wettbewerbsintensität von besonderer Relevanz. Die Marktanalyse im Rahmen dieses Modells beschränkt sich nicht auf die aktuell vorhandenen Strukturen, sondern berücksichtigt auch mögliche Einflussfaktoren der Marktentwicklung und lenkt somit den Blick auf strategisch wichtige Fragestellungen. In diesem Zusammenhang wird einerseits die derzeitige Wettbewerbsintensität in einem Markt betrachtet sowie vier Faktoren, die diese Wettbewerbsintensität beeinflussen. Zur Beurteilung dient das Konzept der fünf Wettbewerbskräfte – Five-Forces-Modell (siehe im Detail Porter 2008, S36ff.). Die Triebkräfte des Branchenwettbewerbs lassen sich wie folgt darstellen:

1. Wettbewerb zwischen den derzeitigen Anbietern (jetzige Wettbewerbsintensität)
   - Anzahl der Wettbewerber
   - Marktwachstum
   - Produktdifferenzierung
   - Austrittsbarrieren
2. Verhandlungsmacht der Abnehmer
   - Abnehmerkonzentration
   - Möglichkeiten der Rückwärtsintegration
3. Verhandlungsmacht der Lieferanten
   - Lieferantenkonzentration
   - Möglichkeiten der Vorwärtsintegration
4. Bedrohung durch neue Anbieter
   - Eintrittsbarrieren
   - Kostenvorteile etablierter Anbieter (Erfahrungskurve)
   - Schwieriger Zugang zu Vertriebskanälen
   - Kundentreue zu etablierten Marken
5. Bedrohung durch Substitutionsprodukte / -dienstleistungen oder Technologien
   - Ähnlicher Anwendungsbereich
   - Preis- / Leistungsverhältnis
   - Technologische Entwicklungen

Dieses Modell stellt vor allem einen Strukturierungsansatz für die strategische Marktanalyse dar, die sich nicht nur auf die aktuell vorhandenen Strukturen beschränkt. Durch die Betrachtung möglicher Einflussfaktoren auf die Marktentwicklung treten strategisch relevante Fragestelllungen in den Vordergrund.

Dieser Ansatz interpretiert die Marktstruktur als gegeben und ignoriert die wechselseitige Beeinflussung von Marktstruktur, Marktverhalten und Unternehmenserfolg, d.h. Unterschiede zwischen den Anbietern einer Branche werden tendenziell vernachlässigt. Insofern wird die ausschließlich marktorientiert Sichtweise zur Erklärung des Unternehmenserfolges inzwischen kritisiert (Nelson 1991, Rumelt 1991). So können Unternehmen auch deshalb unterschiedliche Erfolgspositionen erreichen, weil sie unterschiedlichen interne Ressourcen und organisatorische Fähigkeiten besitzen. Vor diesem Hintergrund stellt der ressourcenbasierte Ansatz eine wichtige Ergänzung der industrieökonomischen bzw. marktorientierten Ansätze dar.

(b) Ressourcenbasierte Ansätze (Betonung der Unternehmung)

Eine weitere Basis im Rahmen der Strategieforschung bildet daher die ressourcenorientierte Theorie („resource-based-view", RBV-Ansatz), der trotz der schon früh entstandenen Vorläuferarbeit (Penrose 1959) um die 1990er Jahre entstanden ist. An die Stelle des Structure-Conduct-Performance-Paradigmas bzw. dem "market-based-view", bei dem unternehmensexterne Faktoren als wesentliche Einflussfaktoren des Unternehmensverhaltens und -erfolges gesehen werden, tritt das Resource-Conduct-Performance-Paradigma. Der „Outside-In-Perspektive" wird die „Inside-Out-Perspektive" der ressourcenbasierten Schule gegenübergestellt.

Sie versucht, die Wettbewerbsfähigkeit zu bestimmen und von der Grundthese ausgehend, dass sich diese aus den zur Verfügung stehenden Ressourcen bestimmen. Für die Wettbewerbsvorteile von einem Unternehmen sind die Existenz von einzigartigen Ressourcen, Fähigkeiten und Kompetenzen wichtiger als die Betonung der Branche und der Märkte und damit der Konkurrenten (Wernerfelt 1984 und 1995, Barney 1986 und 1991, Grant 1991, Prahalad/Hamel 1990, Bamberger/Wrona 1996, Prien/Butler 2001, Roussee/Daellenbach 2002, Acedo/Barroso/ Galan 2006, Newbert 2007).

Ressourcen stellen Faktorposten des Unternehmens dar, die zur Erstellung von Output bzw. zur Wertschöpfung beitragen, wobei eine Einteilung in Assets und Fähigkeiten gebräuchlich ist. Ausgangspunkt bildet die Annahme, dass die Ressourcen von Unternehmungen heterogen und (häufig) immobil sind. Auf dieser Basis kann man Bedingungen für Ressourcen nennen, damit sie Wettbewerbsvorteile darstellen. Sie müssen:

- wertvoll sein, d.h. sie müssen Effizienz und Effektivität verbessern und somit einen Wertschöpfungsbeitrag leisten und so einen Nutzen für das Unternehmen haben,
- knapp bzw. selten sein,
- nicht bzw. nur beschränkt imitierbar sein (kann durch historische Entwicklung der Ressourcen, durch die kausale Ambiguität zwischen den Ressourcen und durch die Interdependenz und soziale Komplexität der Ressourcen sichergestellt werden),
- nicht bzw. schwer substituierbar sein.

Die Bedingung des „wertschaffenden Charakters" legt fest, ob eine Ressource überhaupt die Basis für einen Wettbewerbsvorteil bildet. Die anderen drei Kriterien können unterschiedlich stark ausgeprägt sein und bestimmen so nicht primär die Existenz eines Wettbewerbsvorteils, sondern deren Nachhaltigkeit (vgl. Williams 1992 zur Nachhaltigkeit von Wettbewerbsvorteilen). Graphisch lässt sich der Sachverhalt wir folgt darstellen:

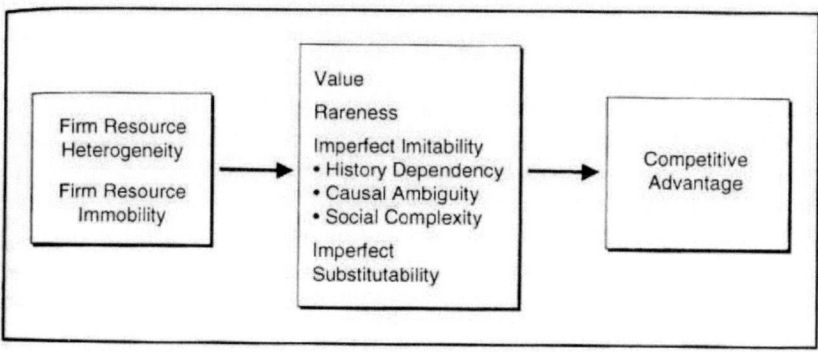

Abb. 4: Anforderungen an Ressourcen als Basis für Wettbewerbsvorteile; Quelle: Kutschker/Schmid 2011, S. 843 in Anlehnung an Barney 1991, S. 112

Ressourcen können allgemein definiert werden als die von einem Unternehmen kontrollierten

- Vermögenswerte,
- Fähigkeiten,
- Organisationsprozesse,
- Unternehmensattribute,
- Informationen und
- Wissensinhalte,

die dem Management das Konzipieren und Implementieren von Strategien zur nachhaltigen Verbesserung der Effizienz und Effektivität des Gesamtunternehmens ermöglichen (Theuvsen 2001, S. 1645).

Der RBV-Ansatz geht davon aus, dass der Erfolg oder Nichterfolg von Unternehmen vorrangig durch deren spezifische oder einzigartige Potenziale bestimmt wird. Diese werden häufig auch als Kernkompetenzen oder allgemein Ressourcen bezeichnet. Diese Kernkompetenzen beziehen sich insbesondere darauf, erfolgskritische Schritte in der Wertschöpfungskette besser zu bewältigen als die Wettbewerber (vgl. z.B. Freiling 2004). Eine Spezifizierung findet sich im Kernkompetenzenansatz (hierzu auch Rasche 1994 oder Bouncken 2000).

Kompetenzen lassen sich allgemein definieren als die unternehmerische Fähigkeit, den koordinierten Einsatz von Vermögenswerten zur effizienten Zielerreichung aufrechtzuerhalten (Sanchez/Heene/Thomas 1996, Bur /Stephan/Werkmeister 2011). Dabei beinhalten die Kernkompetenzen die zentralsten, nur schwer imitierbar, für den Geschäftserfolg wichtigsten Elemente dieses Fähigkeitsspektrums; sie entstehen aus kollektiven Lernprozesses, etwa wie man ungleiche Produktionsfertigkeiten koordiniert und eine Vielzahl von Technologieströmen zusammenführt. (vgl. zum Detail Prahalad/Hamel 1990 oder Schreyögg/Steinmann 2005, S. 257-263).

Die Vertreter des ressourcenbasierten Ansatzes an, dass in der Einzigartigkeit eines Unternehmens hinsichtlich seiner Ressourcen der Schlüssel für den nachhaltigen wirtschaftlichen Erfolg zu sehen ist. Die einzigartigen Ressourcen würden die „crownjewels" von Unternehmen darstellen (Duschek/Sydow 2002, S.426), die ihm eine Alleinstellung am Markt ermöglichen und diesem Sinne dauerhafte Wettbewerbsvorteile begründen.

Eine weitere konzeptbegleitende Grundannahme besteht darin, dass sich Unternehmen hinsichtlich der Art und Weise ihrer Ressourcenallokation signifikant unterscheiden (Barney 1991 und 1997). Gerade diese unternehmensspezifischen Ressourcen, die nur schwer imitierbar sind, begründen daher dauerhafte Wettbewerbsvorteile. Ziel ist eine dauerhaft fließende Rente zu erwirtschaften, d.h. von den Erfolgsdimensionen ist das RCP-Paradigma nicht fundamental unterschiedlich zu SCP-Paradigma.

Bzgl. der Internationalisierung stellen die ressourcenorientierten Theorien vor allem die Fragen nach (siehe Meckl 2010, S. 58):

- Sind die für die Internationalisierung relevanten Ressourcen intern verfügbar oder können sie extern beschafft werden?

- Können in unterschiedlichen Auslandsmärkten Ressourcen entwickelt werden, die Lerneffekte generieren?

- Können in verschiedenen Auslandsmärkten gleiche Ressourcen genutzt werden?

Nur wenn Ressourcen übertragen werden können, begründen sie Kernkompetenzen. Dies hängt in starkem Maße von der Spezifität der Ressourcen und deren Handelbarkeit ab. Nachstehende Abbildung gibt einige Beispiele (nach Holtbrügge/Welge 2010):

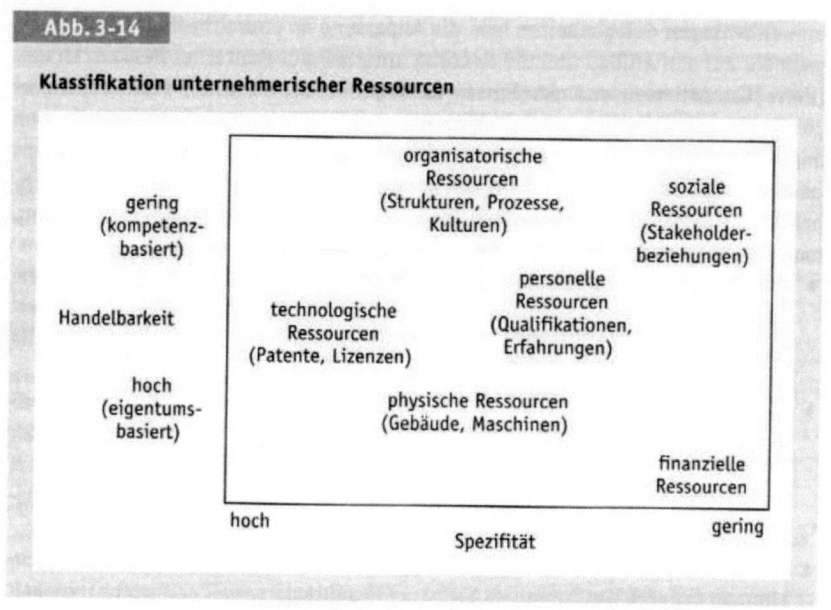

Abb. 5: Ressourcentransferbasiertes Grundsatzmodell; Quelle: Holtbrügge/Welge 2010, S. 86

Eine weitere entscheidende Einflussgröße ist die Häufigkeit der Transaktion. Verbindet man die Koordinationskosten mit der Spezifität der Ressource so kann man wiederum verschiedene Marktstrukturen unterscheiden (nach Macharzina/Wolf 2008).

Aus diesen Gegebenheiten kann man folgende Schlussfolgerung ziehen: Mit zunehmender Spezifität nehmen Kooperationen zu, wobei im Rahmen der

26

Supply-Chain durchaus enge Lieferkooperationen (zweiseitige Kontrolle) abgeschlossen werden. Gerade bei Internationalisierungsproblemen besteht ein Lösungspotenzial durch Netzwerkbildung (siehe hierzu Meckl, 2010, S.53); es entstehen folgende Vorteile:

- Erfahrungen von einheimischen Netzwerkpartnern,
- Zugriff auf bestehende Ressourcen des Partners, z.B. Vertriebssystem,
- sehr schneller Marktzugang,
- Status eines „einheimischen" Unternehmens,
- Technologie-Adaption durch Partnerunternehmen,
- Geschäftsabwicklung durch Einheimische,
- Kapazität durch Partner bereitgestellt.

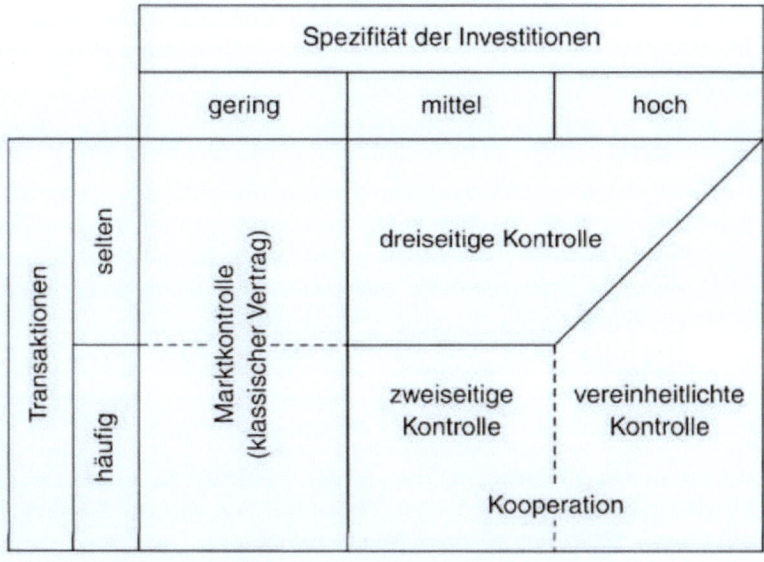

Abb. 6: Koordinationsformen; Quelle: Macharzina/Wolf 2008, S. 59

Eine Weiterentwicklung der Unternehmensressourcen im Zeitablauf bezieht sich auf sogenannte dynamische Fähigkeiten. Diese ermöglichen insbesondere die Entwicklung von Kernkompetenzen (vgl. z.B. Burmann 2002).

(c) Dynamische Fähigkeiten

Die entscheidende Frage im strategischen Management lautet: Wie erlangen die Unternehmen Wettbewerbsvoreile und wie erhalten sie sie aufrecht. In diesem Zusammenhang wird in jüngster Zeit den dynamischen Fähigkeiten („dynamic capabilities") wachsende Bedeutung zugesprochen (Teece/Pisano/Shuen 1997, Eisenhardt/Martin 2000, Luo 2000, Helfat/Peteraf 2003, Teece 2007 – zur kritischen Sicht Makadok 2001). Es geht um die Frage wie firmenspezifische Ressourcen, die Vorteile begründen, entwickelt, eingesetzt und verteidigt werden können und wie interne und externe firmenspezifische Kompetenzen in einer sich verändernden Umwelt genutzt werden können.

Strategie-Modelle auf der einen Seite betonen das Nutzen der Marktmacht (Ökonomische Renten der Wettbewerbskräfte sind Monopolrenten, z.B. begründet in den Faktormärkten oder den Produktmärkten) – sie basieren auf dem SCP-Paradigma. Auf der anderen Seite betonen Strategie-Modelle die Effizienz und damit die ressourcenbasierte Perspektive und stellen damit sowohl die vertikale Integration als auch die Diversifikation in ein neues strategisches Licht – sie basieren auf dem RCP-Paradigma.

Gewinner im globalen Wettbewerb haben rechtzeitige Reaktionsfähigkeit gezeigt sowie schnelle und flexible Produktinnovationen verbunden mit Managementfähigkeiten der effektiven Koordination und Veränderung der interne und externe Kompetenzen – dies wird bezeichnet als „dynamic capabilities" (siehe Teece/Pisano/Shuen 1997, S.515 – „we define dynamic capabilities as the firm's ability to integrate, build, and reconfigure internalandexternal competences to adress rapidly changing environments." S. 516).

Es genügt nicht wertvolle, seltene, schwer zu imitierende und nicht substituierbare Ressourcen zu besitzen, um im Zeitablauf (diese) Wettbewerbsvorteile zu erhalten, müssen sie dynamische Fähigkeiten entwickeln.

Gerade in diesem Zusammenhang ist der Prozessgedanke, speziell der Organisationsprozess von Bedeutung. Dieser hat drei wichtige Dimensionen (Teece/Pisano 1994, Teece/Pisano/Shuen 1997):

- Coordination / integration (a static concept)
- Learning (a dynamic concept)
- Reconfiguration (a transformational concept)

Die Einschätzung des Unternehmens und seiner dynamischen Fähigkeiten wird geprägt von seinen Assets (Erweiterung des Begriffes Ressourcen), d.h. seiner Position, und seinem zukünftigen Pfad. Dieser ist oft geprägt durch die Vergangenheitsentwicklung und Routinen, aber auch von Lernen (wobei Lernen ein Prozess von Versuch, Rückkopplung und Bewertung ist).

Um Wettbewerbsvorteile nachhaltig aufrechterhalten zu können, müssen Unternehmen die eigenen Ressourcen und Prozesse fortwährend an die veränderte Umwelt- und Wettbewerbssituation anpassen. Dynamische Fähigkeiten sollen erläutern wie Unternehmen dies gelingt.

Unter dem Aspekt der dynamischen Fähigkeiten müssen Unternehmen solche Fähigkeiten entwickeln, die es erlauben, die interne Konfiguration im Sinne einer größeren Fortschrittsfähigkeit zu verändern. Adaptive Fähigkeiten bilden die Grundlage für die organisationale Wandlungsfähigkeit. Die Basis für solche Fähigkeiten bilden spezielle organisationale Routinen, wobei sich diese in den folgenden regelmäßig wiederkehrenden Aktivitäten manifestieren (Teece 2007, Barreto 2010, Schlömer/Hendrik/Maurer/Wallau 2013):

(1) Erkunden, d.h. Identifikation relevanter Veränderung durch gezielte Aktivitäten der Unternehmensumwelt.

(2) Lernen, d.h. Aktivitäten zum Erlernen angemessener Reaktionsmuster auf die beobachteten Umweltveränderungen.

(3) Verändern, d.h. Maßnahmen, die auf die (Neu-)gestaltung bestehender Ressourcen und Prozesse ausgerichtet sind.

(4) Überwachen, d.h. Aktivitäten zur Überprüfung der Wirksamkeit der ergriffenen Maßnahmen.

Eine Ergebnisverbesserung durch Anpassung und Übernahme kann sich auf vielen Quellen gründen, neben externen Effekten durch Netzwerken (Katz/Shapiro 1985) das Vorhandensein von komplementären Assets und einer unterstützenden Infrastruktur, ein Lernen durch (deren) Anwendung sowie Größenvorteile im Produktion und Distribution. Gerade in diesem dynamischen Prozess bildet das Nutzen von Netzwerken eine entscheidende Komponente.

Eine Metastudie zeigt eine positive Erfolgswirkung dynamischer Fähigkeiten für einen Großteil der empirischen Studien (Arend/Bromiley 2009). Eine neue Studie zeigt auch für den deutschen Raum eine positive Wirkung dynamischer Fähigkeiten auf die Effektivität und Effizienz operativer Prozesse (Schlömer/Hendrik/Maurer/Wallau 2013).

3 Strategien für internationale Geschäftsbeziehungen

3.1 Ansatzpunkte für internationale Geschäftsbeziehungen und Entwicklung einer Internationalisierungsstrategie

(a) Rahmenbedingungen

Zunächst ist die Grundsatzentscheidung zu treffen, ob überhaupt eine Internationalisierung durchgeführt werden soll (zu Erfolgspotenzialen Link 1997). Die nachfolgenden Entscheidungen beziehen sich auf die Wahl des Markteintrittszeitpunktes sowie der Markteintrittsform und vor allem auf die Markt- und Standortwahl. Danach muss festgelegt werden, in welcher Form sich das Unternehmen in dem Land engagieren will, d.h. wie Wertschöpfungsform, Eigentumsform und Ansiedlungsform behandelt werden sollen (siehe hierzu Holtbrügge/Welge 2010, S. 103f.).

Im Rahmen der Ansiedlungsform kann auf der einen Seite auf bestehende Ressourcenbündel im Gastland zurückgegriffen werden, auf der anderen Seite besteht die Möglichkeit neu Ressourcen aufzubauen. Bzgl. der Eigentumsform geht es um die Frage, ob die Verfügungsrechte über den Ressourcentransfer im Unternehmen verbleiben, mit anderen Unternehmen geteilt werden oder ganz abgetreten werden sollen – im Prinzip geht es um die Frage nach der Organisationen internationaler Geschäftsbeziehungen zwischen Markt und Hierarchie (siehe hierzu auch Abschnitt 4.1.). Bei der grenzüberschreitenden Konfiguration der Wertschöpfungsform muss geklärt werden welche wertschöpfenden Aktivitäten im Heimatland und welche im Gastland durchgeführt werden sollen.

Die Schwierigkeit internationaler Marktentscheidungen liegt in der länderspezifisch sehr unterschiedlichen Ausgangssituation. Um diese Gegebenheiten zu berücksichtigen kann man wie folgt vorgehen, wobei für die Analyse der strategischen Ausgangssituation inhaltlich drei Bereiche im Mittelpunkt stehen:

• Globale Umweltfaktoren (Makro-Umwelt),

d.h. Identifikation von zukünftigen Entwicklungen im Hinblick auf ihre marketingstrategische Bedeutung wie z.B. neue Technologien, die die Interaktion mit dem Kunden verändern, und die in die Strategieformulierung einzubeziehen sind.

• Marktgegebenheiten – Branche und Wettbewerb (Mikro-Umwelt),

d.h. Untersuchung der Charakteristika des relevanten Marktes und zwar des Marktes allgemein wie z.B. das Marktwachstum, aber auch Veränderungen in den Bedürfnissen und dem Verhalten der Kunden sowie den Zielen und (daraus abgeleiteten) Strategien der Wettbewerber.

31

- Unternehmensspezifische Faktoren,

d.h. die entscheidenden Faktoren der kundenbezogenen Aspekte für das spezielle Unternehmen – im Gegensatz zur Marktbetrachtung – wie z.B. Veränderungen in der Kundentreue oder die eigenen Situation im Wettbewerbsumfeld, das sich in einer Veränderung von Marktanteilen ausdrückt.

Gerade wenn bei der Analyse der strategischen Ausgangssituation grundlegende Aspekte nicht beachtet oder übersehen werden, kann dies zu schwerwiegenden Fehlentscheidungen für das Unternehmen führen.

(b) Spezielle Betrachtung des Wettbewerbsumfeldes

(b1) Fünf-Kräfte-Modell der Wettbewerbsintensität

Im Kontext der Betrachtung des Wettbewerbsumfeldes ist das auf Porter (1980) zurückgehende Fünf-Kräfte-Modell der Wettbewerbsintensität von besonderer Relevanz. Die Marktanalyse im Rahmen dieses Modells beschränkt sich nicht auf die aktuell vorhandenen Strukturen, sondern berücksichtigt auch mögliche Einflussfaktoren der Marktentwicklung und lenkt somit den Blick auf strategisch wichtige Fragestellungen. In diesem Zusammenhang wird einerseits die derzeitige Wettbewerbsintensität in einem Markt betrachtet sowie vier Faktoren, die diese Wettbewerbsintensität beeinflussen. Insgesamt werden die folgenden Aspekte berücksichtigt:

1. Wettbewerb zwischen den derzeitigen Anbietern (Anzahl der Wettbewerber, Marktwachstum, Produkt-differenzierung, Austrittsbarrieren).
2. Verhandlungsmacht der Abnehmer (Abnehmerkonzentration, Möglichkeiten der Rückwärts-integration).
3. Verhandlungsmacht der Lieferanten (Lieferantenkonzentration, Möglichkeiten der Vorwärts-integration).
4. Bedrohung durch neue Anbieter (Eintrittsbarrieren, Kostenvorteile etablierter Anbieter / Erfahrungskurve, schwieriger Zugang zu Vertriebskanälen, Kundentreue zu etablierten Marken).
5. Bedrohung durch Substitutionsprodukte (ähnlicher Anwendungsbereich, Preis- / Leistungsverhältnis, technologische Entwicklungen).

Dieses Modell stellt vor allem einen Strukturierungsansatz für die strategische Marktanalyse dar, die sich nicht nur auf die aktuell vorhandenen Strukturen beschränkt. Durch die Betrachtung möglicher Einflussfaktoren auf die Marktentwicklung treten strategisch relevante Fragestelllungen in den Vordergrund.

(b2) „Collaborative five-sources model"

Ein gänzlich anderer Ansatzpunkt besteht darin, weg von Wettbewerbsüberlegungen die positiven Aspekte von kooperativen Vereinbarungen zu betrachten. Kanter (1994) führt in diesem Zusammenhang den Begriff „collaborative advantage" ein. In Analogie zu Porters Modell der Wettbewerbskräfte („five-forces-model) spricht man hier von den korrespondierenden „five-sources-model" (siehe Burton 1995), d.h.

- horizontale Kooperation mit Unternehmen der gleichen Produktionsstufe,
- vertikale Kooperation mit Lieferanten von benötigten Komponenten oder Leistungen,
- selektive partnerschaftliche Vereinbarungen bei speziellen Vertriebskanälen oder mit A-Kunden,
- Diversifikationsallianzen mit Produzenten von komplementären oder Substitutionsprodukten,
- Diversifikationsallianzen mit Firmen aus anderen Sektoren bei denen sich jedoch die Branchengrenzen verwischen.

Ein Unternehmen muss also eine Kombination von konkurrenzbetonten und gemeinschaftlichen Strategien wählen. Dies hat Schritt für Schritt zu erfolgen (siehe zu dieser Thematik auch Hollensen 2011, S. 112f.)

(b3) Eintrittsbarrieren

Bei der Betrachtung des Wettbewerbsumfeldes mit Bezug zu internationalen Geschäftsbeziehungen sind weiterhin die Eintrittsbarrieren zu berücksichtigen. Wesentliche Ursprünge von Eintrittsbarrieren gründen sich in (zur ausführlichen Diskussion Porter 2008, S.39ff.):

- Betriebsgrößenersparnisse („economies of scale"), die den Neuanbieter zwingen, mit hohem Produktionsvolumen einzusteigen oder bei niedrigem Produktionsvolumen einen Kostennachteil zu akzeptieren;
- Produktdifferenzierung, d.h. im Markt etablierte Unternehmen verfügen über bekannte Marken und Käuferloyalität;
- Kapitalbedarf, d.h. es müssen massive Mittel investiert werden, um wettbewerbsfähig zu sein;
- Umstellungskosten in Form von einmaligen Kosten im Zusammenhang mit einem Lieferantenwechsel;
- Zugang zu Vertriebskanälen, also die zu lösenden Probleme des Neuanbieters, den Vertriebs seines Produktes zu sichern;

33

- Größenunabhängige Kostennachteile (z.B. Besitz von Technologien, günstiger Zugang zu Rohstoffen, günstige Standorte, staatliche Subventionen, Lern- oder Erfahrungskurveneffekte);
- Staatliche Politik, wenn durch Reglementierungen der Markteintritt begrenzt oder sogar verhindert wird.

In diesem Zusammenhang ist ebenfalls der für den Eintritt kritische Preis von besonderer Relevanz.

Ein wichtiger Aspekt der Branchenanalyse besteht in dem jeweiligen Niveau sowohl der Eintritts- als auch der Austrittsbarrieren. Obwohl beide konzeptionell verschieden sind, hängen sie oft zusammen. Zum Beispiel sind produktionstechnische Betriebsgrößenersparnisse oft mit spezialisierten Produktionsmitteln verbunden oder auch mit unternehmenseigenen Technologien (siehe ebenda S. 55ff.).

(c) Situation des Unternehmen – Begründung von Wettbewerbsvorteilen

Eine wichtige Voraussetzung für die Formulierung einer Marktstrategie bildet dann die Unternehmensanalyse bzw. die Ableitung der internationalen Wettbewerbsfähigkeit des Unternehmens, wobei man wiederum grundsätzlich drei Bereiche unterscheiden kann:

(1) Derzeitige Situation,
(2) Unterschiede zwischen verschiedenen Marktsegmenten,
(3) Veränderung der Situation im Zeitablauf.

Wichtige Leitfragen hierbei sind (siehe hierzu Homburg/Krohmer 2006, S.495f.):

- Image (Unternehmen bzw. Produkte / Marken);
- Bekanntheitsgrad (Unternehmen bzw. Produkte / Marken);
- Zufriedenheit der Kunden;
- Loyalität der Kunden;
- Durchdringung des vorhandenen Absatzpotenzials;
- Preisniveau;
- (relativer) Marktanteil;
- Stärken und Schwächen im Wettbewerbsvergleich;
- Vom Kunden wahrgenommener (dauerhafter und relevanter) Wettbewerbsvorteil.

Aus der Theorie lassen sich Ansätze für internationale Wettbewerbsvorteile ableiten (Perlitz 2004, S. 162), z.B. Vorteile

- die sich aus dem Inlandsmarkt ergeben;
- des Standortes des Inlandsunternehmens;
- in der Rohstoffversorgung;
- in der Verfahrenstechnologie;
- in der Produkttechnologie;
- aus der Kapazitätsauslastung;
- in der Managementtechnologie;
- bei den sonstigen Ressourcen (Humankapital, Finanzen).

Generell geht es um die Situation des Unternehmens bei seinen Kunden, d.h. die Erfüllung markterfolgsbezogener, wirtschaftlicher und potenzialbezogener Zielgrößen im Hinblick auf die Kunden. D.h. Kundenzufriedenheit und Loyalität der Kunden zum Unternehmen sind von zentraler Bedeutung, so dass eine systematische Messung der Kundenzufriedenheit (auf internationaler Ebene) unabdingbar ist.

Als Methode zur Analyse der Unternehmenssituation kann z.B. auch die modifizierte Wertkette herangezogen werden (siehe nachstehende Abbildung). Der Ansatzpunkt besteht in einer detaillierten Analyse der Wertschöpfungsprozesse um daraus Wettbewerbsvorteile abzuleiten (zur ausführlichen Diskussion dieser Thematik siehe Porter 2010, S.63ff.). Dieses Wertkettenkonzept bildet auch einen Ansatzpunkt zu einer unternehmensübergreifenden Betrachtungsweise und damit zugleich zur Überwindung von Unternehmensgrenzen.

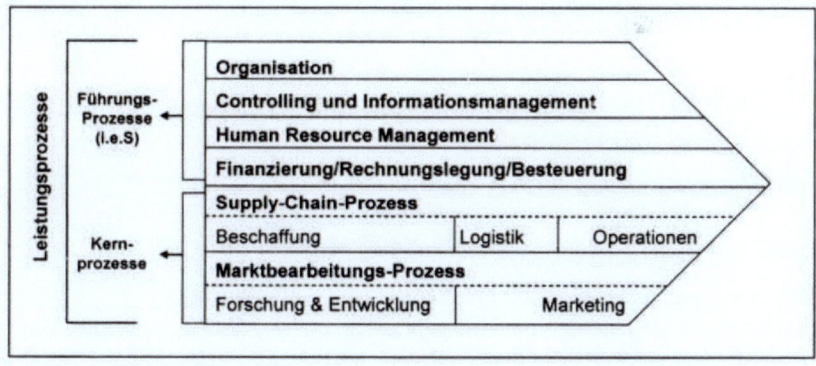

Abb. 7: Modifizierte Wertkette nach Zentes/Swoboda/Morschett; Quelle: Meckl 2010, S. 143

35

Die Wertschöpfungsaktivitäten können in zwei Kernprozesse unterschieden werden und zwar: Zunächst der Kernprozess, der sich mit der physischen Versorgung Abnehmer mit Gütern beschäftigt, der Supply-Chain-Prozess. Er beginnt bei den Beschaffungsaktivitäten, beinhaltet die Produktion und endet beim Abnehmer, d.h. er umfasst auch die durchzuführenden logistischen Maßnahmen. Er sichert die Versorgung der Abnehmer mit physischen Gütern. Dann der Kernprozess, der im Wesentlichen auf die Schaffung von Nachfrage abzielt, der Marktbearbeitungsprozess; er umfasst die Schaffung von Innovationen (neue Produkte bzw. Leistungen), d.h. Forschung und Entwicklung sowie die Vermarktung an die Abnehmer, d.h. Marketing. Diese beiden Kernprozesse werden in den Abschnitten 3.2. und 3.3. behandelt, Führungsprozesse bzw. die Organisation internationaler Geschäftsbeziehungen (Allianzen / Netzwerke) dann im 4. Abschnitt.

(d) Strukturierung der Wertschöpfungskette

Eine zentrale Aufgabe des internationalen Wertschöpfungsmanagements besteht in der Gestaltung und der Führung der einzelnen Wertschöpfungsaktivitäten bzw. Wertschöpfungsprozesse. Wettbewerbsvorteile von Unternehmen können in den einzelnen Aktivitäten der Marktbearbeitung, der Gestaltung der Wertschöpfungsarchitektur und in ihrem Zusammenspiel begründet sein. Im Rahmen der internationalen Geschäftsbeziehungen geht es um die Ausrichtung des internationalen Wertschöpfungsmanagements. Dabei resultieren Wettbewerbsvorteile nicht nur in der Strukturierung der Wertkette („value chain") und Vorteile im wahrgenommenen Kundennutzen (siehe hierzu auch Hollensen 2011, S. 114ff.), sondern auch aus

- der Konfiguration (geografische Streuung),
- der Transformationsform (Maß der Internalisation) und
- der Koordination (Abstimmung)

der Wertschöpfungsprozesse.

(d1) Konfiguration (geografische Streuung)

Bei der Frage der Konfiguration geht es um die Entscheidung über die geografische Verteilung der Wertschöpfungsaktivitäten auf die unterschiedlichen Länder (Regionen). Es gilt, für jede Wertschöpfungsaktivität den bestmöglichen räumlichen Standort zu finden und zwar unter dem Aspekt der Globalisierung und damit auch um die Schaffung von „Cross-Border-Wertschöpfung". Dies geschieht im Spannungsfeld der Vorteile von Konzentration als Konfigurationsoption (z.B. Skaleneffekte oder Erfahrungskurveneffekte) oder Vorteilen einer geografischen Dislozierung (z.B. „Just-in-Time-Effekt" oder „Country-of-Origin-Effekt", d.h. eines Transfer eines positiven Länderimages wie Made in Germany auf das Produktimage, hierzu auch Kotabe/Helsen 2010, S. 382ff.).

(d2) Transkation (Maß der Internalisation)

Hier steht (entsprechend institutionenökonomischer Sicht) die Wahl zwischen den extremen Positionen Markt und Hierarchie (Integration) zur Disposition mit vielfältigen Formen kooperativer Transaktionen dazwischen. Kooperationen kommen immer dann zu Stande, wenn die Partner erwarten, sich dadurch besser zu stellen („Win-Win-Situation"). Im Einzelnen sind hierbei folgende Möglichkeiten und Problemkreise zu berücksichtigen:

- *Markt*

als Organisation in Form institutionellen Regeln z.B. von Tauschgeschäften auf der Basis von Kaufverträgen, Barter (Tausch „Güter gegen Güter"), Jahresvereinbarungen bzw. Leistungsabkommen mit Zielumsatz;

- *Kooperation*

in Form einer Vielfalt kooperativer Arrangements wie z.B. Lieferkontrakt, Managementvertrag, Lizenzvertrag oder Equity Joint Venture. Hierzu zählen auch X-Allianzen und Y-Allianzen (Porter/Fuller 1989). Bei X-Allianzen teilen sich die Partner die Durchführung einer Wertschöpfungsaktivität auf (meist bei asymmetrischer Kompetenzverteilung) und Y-Allianzen betrieben sie eine Wertschöpfungsaktivität gemeinsam. Hieraus resultiert z.B. eine Teilung des unternehmerischen Risikos oder insgesamt eine Beeinflussung der Wettbewerbssituation. Jede Kooperation bedeutet ein bestimmtes Maß an Bindung zwischen den Transaktionspartnern und Veränderung der Autonomiegrade (Aufgabe von Freiheitsgraden). Insofern bilden die „Fits" in kooperativen Arrangements (sowohl für das Zustandekommen, Konstitutivbedingungen als auch für die Aufrechterhaltung, Stabilitätsbedingungen) eine wichtige Grundvoraussetzung (siehe hierzu auch Zentes/Swoboda/ Morschett 2004, S. 263f.). Man kann hier unterscheiden zwischen unternehmenspolitischen „Fit" (Ziele / Strategien, Leistungsfähigkeiten, Verhandlungspositionen), unternehmenskulturellen „Fit" (Wertevorstellungen, Normen zur Regelung des Verhaltens, organisatorische Strukturen) und prozessual-infrastrukturelle Ebene (IT-Systeme, Rechnungswesen / Controlling);

- *Integration / (Hierarchie)*

als Rückbesinnung auf die Kernkompetenzen und Lösung dieser allgemeine Problematik durch Entscheidungen über Reintegration von Wertschöpfungsaktivitäten (Insourcing) bzw. im Rahmen eines Insourcing / Outsourcing-Entscheidungs-portfolios oder Akquisition und Fusion (externes Wachstum).

(d3) Koordination (Abstimmung)

Koordination bezeichnet die Abstimmung und Harmonisierung interdependenter Teilaufgaben in einem arbeitsteiligen System im Hinblick auf die Ziele und den Zwecke der Organisation. Der Bedarf nach Koordination erwächst aus der begrenzten qualitativen und quantitativen Kapazität der Organisationseinheiten sowie der Arbeitsteilung eines komplexen Gesamtsystems. Gerade im internationalen Wertschöpfungs-management wird Koordination zu einer wichtigen Entscheidungsoption. Sie bildet den Basisansatz zur Sicherung der internen Effizienz der organisatorischen Gestaltung und der internationalen Wettbewerbsfähigkeit (externe Effektivität). Hierbei können (wie in Abbildung 8 dargestellt) drei Gruppen von Instrumenten eingesetzt werden, die sich gegenseitig ergänzen.

Koordinationsinstrumente internationaler Unternehmen

Strukturelle Koordinationsinstrumente

- Organisationsstruktur der internationalen Beziehungen (siehe Abschn. 13.5)

Personenorientierte Koordinationsinstrumente

- Delegiertenentsendung
- Art der Einflussnahme auf Delegiertenselektion
- Verantwortlichkeit für internationale Personalentscheidungen
- Führungskräftetransfer
- Besuche zur Auslandsgesellschaft
- Besuche zur Zentrale

Technokratische Koordinationsinstrumente

- Eigentumsverhältnisse
- Verantwortlichkeit bei Investitionsentscheidungen
- Verantwortlichkeit bei Kreditentscheidungen
- Verantwortlichkeit bei Gewinnverwendungsentscheidungen
- Formalisierungsgrad der Planung
- Detaillierungsgrad der Planung
- Integrationsgrad der Planung
- Planungsträger
- Anzahl der am Planungsprozess beteiligten Stellen

Abb. 8: Koordinationsinstrumente international tätiger Unternehmen; Quelle: Macharzina/Wolf 2008, S.985)

3.2 Gestaltung des Kernprozess Supply-Chain-Prozess

Beim Suppy-Chain-Prozess geht es um den Fluss der Güter und zwar in der Verbindung von Lieferant, Unternehmen und Kunden (einschließlich der damit verbundenen Informationsströme), die Steuerung der Güterströme zwischen Input und Output. Eng damit verbunden sind die Aktivitäten Beschaffung (Sourcing), Produktion (teilweise auch als Operationen bezeichnet) und Logistik.

Im Rahmen der internationalen Geschäftsbeziehungen sollen hier speziell die Funktionen Beschaffung (Einkauf – Bereitstellung von Werkstoffen) und Produktion (Fertigung – Fluss der Werkstoffe durch die einzelnen Fertigungseinheiten / Betriebsmittel) behandelt werden.

(a) Beschaffung

Die Begriffe im Zusammenhang der Versorgung des Unternehmens mit Gütern und Leistungen wird uneinheitlich verwendet (zur Abgrenzung siehe z.B. Heß 2008, S. 21). Man kann Beschaffung (procurement) definieren als „sämtliche unternehmens- und /oder marktbezogenen Tätigkeiten, die darauf gerichtet sind, einem Unternehmen die benötigten, aber nicht selbst hergestellten Objekte verfügbar zu machen" (Arnold 1998, S. 3). Die Bedeutung der Beschaffung innerhalb der Wertkette für Industrieunternehmen bei Fremdbezugsteilen von über 50% ist unbestritten. Im Rahmen der Beschaffung gilt es die systematisch-langfristige Gestaltung der (internationalen) Lieferantenbeziehungen zu optimieren. Beschaffung erhält eine strategische Qualität, bei der vertikale und horizontale Verbundeffekte zu realisieren sind.

Die zunehmende Internationalisierung der Unternehmen führt auch zu einer verstärkten Internationalisierung der Beschaffungsmärkte, wobei eine stärkere Einbindung der Lieferanten in den Supply-Chain-Prozess zu beobachten ist. Generell können Unternehmen im Rahmen der Beschaffung internationale Geschäftsbeziehungen aufbauen und kostengünstige und zieladäquate Quellen weltweit nutzen; sie müssen aber auch Beeinträchtigungen der Versorgungssicherheit oder wirtschaftliche bzw. politische Risiken sowie Ex- und Importbestimmungen einbeziehen.

Aufgrund der Austauschbeziehungen zwischen dem Lieferanten und dem Abnehmer entstehen im Rahmen der Internationalisierung der Beschaffung besondere Herausforderungen und Risiken, speziell aus der Abnehmerperspektive. Es geht um die verschiedenen Verlust- und Verzögerungsgefahren bei der Bereitstellung. Beschaffungsspezifisch kann man unterscheiden in politische, rechtliche, finanzielle und soziokulturelle Risiken. Es ergeben sich jedoch auch

Risiken aus den spezifischen Eigenschaften und Verhaltensmustern der Lieferanten (vgl. hierzu Stölzle/Kirst 2007, S. 63ff.). Man kann hier unterschieden nach Leistungsrisiken (wie Qualitätsmängel, Know-how-Mangel, Kapazitätsengpässe, Lieferfehler oder Lieferantenausfall) und Verhaltensrisiken (wie Adverse Selection, Hidden Action, Hidden Intention).

Speziell die Entscheidungen zu den Transaktionsformen beinhalten verschieden Optionen zwischen Markt und Hierarchie, wobei kooperative Engagements an Bedeutung gewinnen (Zentes/Swoboda/Morschett 2004, S.313). Gerade im internationalen Bereich stützen sich die Unternehmen auf verschiedene Formen des direkten oder indirekten Imports. Im Fall der Eigenerstellung werden die Kernaufgaben der Beschaffung selbständig durchgeführt. Im Rahmen von hierarchischen Transaktionsformen erfolgt die Beschaffung aus dem Unternehmensverbund, z.B. als Beschaffung durch eigene Organe im Ausland.

Bei der Beschaffung agiert ein Unternehmen stets mit externen Quellen, wobei die Zusammenarbeit auf der einen Seite unterschiedlich stark ausgeprägt sein kann, sich auf der anderen Seite jedoch in unterschiedlicher strategischer Relevanz ausdrückt. Generell ist zu beachten, dass eine Zuordnung zu marktlichen oder kooperativen Arrangements abhängt von dem Grad der Bindung der Lieferanten. Diese Transaktionsformenspezifika lassen sich wie folgt darstellen (ebenda S. 329).

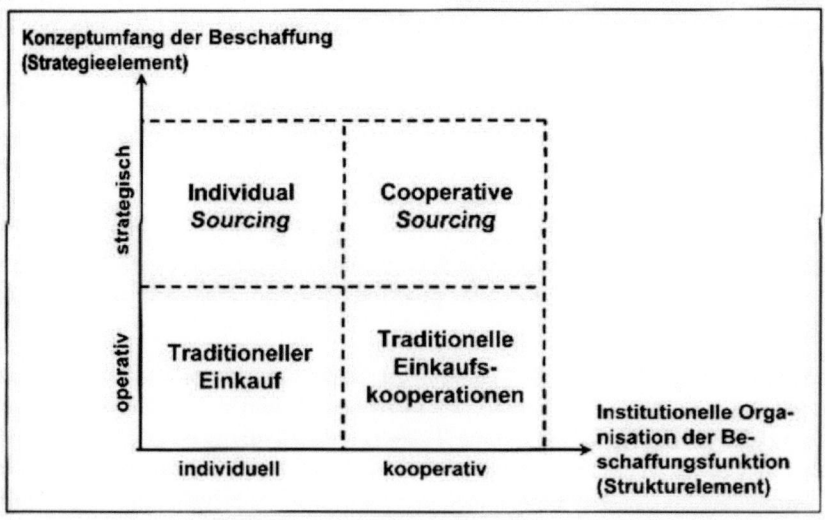

Abb. 9: Beschaffungssubjektmatrix nach Eßig 1999, S.112

Als zentrale Aufgabe des Beschaffungsmanagements gewinnen Lieferantenbeziehungen und ihre systematische sowie langfristige Gestaltung immer mehr in den Fokus. Hier ist das Kräfteverhältnis zwischen Lieferant und Abnehmer von besonderer Relevanz. Diese kann man mittels eines Macht-Portfolios darstellen, wobei man folgenden Strategien unterscheiden kann (Arnolds/Heege/Röh/Tussing 2013, S. 30ff.):

- Anpassungs- und Selektionsstrategie (beide schwach).
- Emanzipationsstrategie (Lieferant stark),
- Chancenrealisationsstrategie (Abnehmer stark),
- Geschäftsfreundestrategie (beide stark).

Gerade unter der Perspektive „Lean Production" (Verschlankung des Produktionsprozesses) heißt die langfristige Gestaltung in erster Linie zunehmendes Outsourcing bei gleichzeitiger intensiver Einbindung wichtiger Zulieferpartner. Dabei können vertikale und horizontale Verbundeffekte durch Kooperationen mit Lieferanten und/oder anderen Beschaffern realisiert werden.

Lieferpotenziale aus vertikalen Verbundeffekten resultieren in erster Linie aus einer engen Zusammenarbeit mit (ausländischen) Lieferanten. Das Ziel horizontaler Verbundpotenziale besteht dagegen eine verbesserte Abstimmung von Unternehmen auf der gleichen Wertschöpfungs- bzw. Marktstufe (sie spielen bei der Erschließung ausländischer Beschaffungsmärkte eine hohe Rolle). Beschaffungsnetzwerke (Abnehmer-Zulieferer-Kooperationen und Supply Chain Management) sind primär vertikal ausgerichtete Kooperationskonzepte, dagegen setzen Beschaffungsallianzen (Einkaufkooperationen) auf eine horizontale Zusammenarbeit durch gemeinsame Beschaffung (die Begriffe werden entsprechend Arnold/Eßig 2005, S. 663 verwendet).

(a1) Vertikal ausgerichtete Kooperationskonzepte

Ausgangspunkt ist das Unternehmen mit seiner Beschaffungsfunktion, es ist das kooperierende Subjekt. Allerdings kann der Focus auf der Kooperation zweier Unternehmen liegen, einer Dyaden-Beziehung. Die Optimierung kann jedoch auch auf mehrere Unternehmen ausgedehnt werden und zu einem (Netzwerk-) Arrangement führen. Oftmals handelt es sich um eine unternehmensübergreifende Orientierung des gesamten Supply Chain Management. Die einzelnen Betrachtungsebenen sind in der nachfolgenden Übersicht dargestellt (ebenda S.665):

Analyseebene 1:
Einzelunternehmen und seine Einkaufsfunktionen; Optimierungs-ansatz des klassisch-transaktionsorientierten Einkaufs.

Analyseebene 2:
Bilaterale Beziehung (Dyade); Optimierungsansatz der Abnehmer-Zulieferer-Kooperation.

Analyseebene 3:
Industrielles Netzwerkarrangement; Optimierungsansatz des Supply Chain Managements-Konzepts.

> ### Abnehmer-Zulieferer-Kooperation

Bei der Abnehmer-Zulieferer-Kooperation handelt es sich um eine dauerhafte und intensive Beziehung zwischen Lieferant und Abnehmer, um „echte" Wertschöpfungspartnerschaften. Verantwortlich für die Entstehung ist in der Regel eine Reduzierung der Fertigungstiefe, diese erzwingt eine Neustrukturierung der Wertschöpfungskette. Ziel ist es u.a. die mit der Reduzierung der Fertigungstiefe einhergehenden Koordinationsprobleme externer Zulieferer zu puffern (ebenda S. 665). Bezieht sich die Zusammenarbeit auf ein komplettes Modul bzw. System, dann erbringt der Zulieferer zusätzlich eine logistische Integrationsleistung durch die Steuerung der Sublieferanten. Manchmal kommt ebenfalls ein Teil der Entwicklungsverantwortung hinzu. Die Teilnehmer profitieren von steigenden Spezialisierungsvorteilen, sinkenden Komplexitätskosten und erhöhter Flexibilität. Allerdings erfordert der Prozess eine Abstimmung zwischen Lieferanten und Abnehmer mit Hilfe von hierarchischen Koordinationsmechanismen, z.B. durch unternehmensübergreifende Entwicklungsteams vor Serienanlauf bzw. wechselseitiger Abstimmung der Produktplanungen während der Serienproduktion – speziell um auch Just-in-Time-Anlieferungen, evtl. sogar Just-in-Sequence-Anlieferungen zu gewährleisten. Um den klassischen marktlichen Abstimmungsprozess weitgehend zu substituieren werden längerfristige Lieferverträge abgeschlossen.

Ein Schwerpunkt dieser Art von Kooperationsbeziehung liegt in der Gestaltung der Austauschbeziehung zwischen (System-)Lieferant und Endprodukthersteller, wobei sich die Neustrukturierung der Wertschöpfungskette in Form einer Zulieferpyramide darstellen lässt (sieh nachstehende Abbildung). Genereller Ansatzpunkt ist der Abnehmer-Zulieferer-Kooperation ist, dass nur ein gemeinsamer Erfolg der Kooperation zu einer individuellen Besserstellung führt.

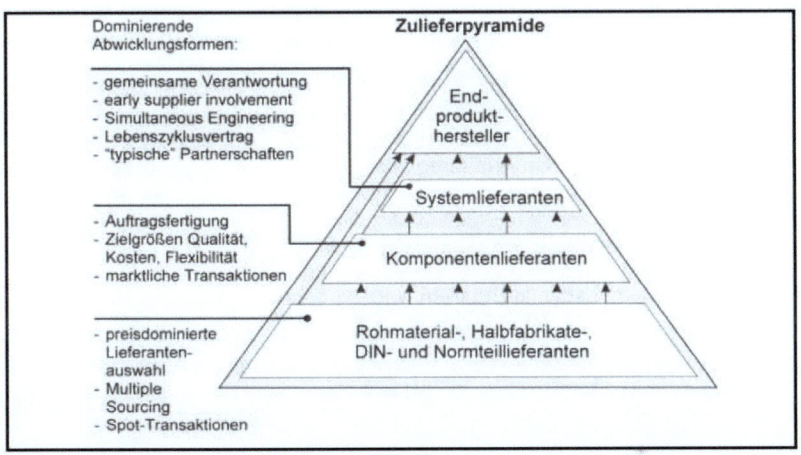

Abb. 10: Zulieferpyramide – Neustrukturierung der industriellen Wertschöpfungskette; Quelle: Arnold/Eßig 2005, S666 in Anlehnung an Bogaschewsky 1994, S. 107

Die Etablierung einer integrierten Zuliefer-Abnehmer-Beziehung sowie das Management globaler Lieferanten führen zu einer höheren operativen Komplexität und zusätzlicher Inanspruchnahme von Ressourcen. Wettbewerbsvorteile können durch Lieferantenintegration erzielt werden. Als Instrument zur Stabilisierung und Optimierung von Transaktionsbeziehungen konzentriert sie sich vor allem auf die Dyade zwischen Zulieferer und Abnehmer. Zur Generierung von relationalen Renten durch Lieferantenintegration sollten Unternehmen nach Dyer/Singh 1998 in vier Handlungsfeldern aktiv werden:

- Spezifische Investition in ihre Beziehung,
- Austausch von Wissen,
- Kombination spezifischer Ressourcen,
- Verringerung der Transaktionskosten.

Um die Potenziale der (globalen) Lieferantenintegration möglichst weitgehend zu realisieren, müssen diese Beziehungen systematisch geplant und gesteuert werden. Als Gestaltungsdimensionen einer integrierten Zulieferer-Abnehmer-Beziehung ist die Ausgestaltung der verschiedenen Schnittstellen besonders relevant (siehe zur Diskussion dieses Sachverhaltes Stölzle/Kirst 2007, speziell S. 77ff.). Die wesentlichen Berührungspunkte bilden:

43

- Aufbau legaler Schnittstellen (Eigentumsverhältnisse, „Ownership Integration" – z.B. in hybriden Formen wie Joint Ventures),
- Operative Schnittstellen zur Gewährleistung eines reibungslosen Flusses der Güter und Dienstleistungen,
- Informative Schnittstellen für den freien Wissensaustausch und Überwindung von Kommunikationsbarrieren (z.B. Sprachbarrieren oder IT-System-Barrieren),
- Soziale Schnittstellen zwischen den Individuen.

Speziell die sozialen Beziehungen zwischen den Individuen von Abnehmern und Lieferanten lassen sich nach dem Grad des emotionalen Engagements und gegenseitigen Vertrauens sowie nach ihrem Nutzen für eine Geschäftsbeziehung unterscheiden. Auf dieser Basis lassen sich vier verschiedene (ideale) Beziehungstypen entwickeln (Mainela 2007) s. 92ff.):

- „Reporting Relationships", d.h. Austausch über einfache Informationen wie Dokumente und Reports,
- „Organizational Contracts", d.h. die Mitarbeiten agieren als Agenten des Unternehmens und repräsentieren es hinsichtlich der Ressourcen, Wissens und seiner Macht,
- „Personal Relationships", die die Beziehung zwischen den Individuen herstellen, z.B. gegenseitiges kenne, vertrauen und achten,
- Friendships", d.h. Individuen, die sich sehr gut kennen und bei Problemen in der Austauschbeziehung im Hinblick auf eine Problemlösung unterstützen.

> ***Unternehmensübergreifende Orientierung des Supply Chain Management - Koordination mit Eingriffen in die Produktions- und Beschaffungsautonomie der Beteiligten***

Abnehmer-Zulieferer-Partnerschaften bilden eine dyadische Beziehung indem sie die Wertkette zwischen Endproduktersteller und Systemlieferant optimieren; sie bleiben daher ein beschränktes Kooperationskonzept. Vorteilhafter ist es, die gesamte Wertschöpfungskette besser zu koordinieren und zu optimieren. Damit ergibt sich eine unternehmensübergreifende Perspektive, dessen Hauptziel in der Optimierung von Schnittstellen besteht. D.h. es geht um den reibungslosen Güter- und Informationsfluss, so dass sich deutliche Ähnlichkeiten zur Logistik ergeben. Die Reduzierung der Fertigungstiefe sowie eine zunehmende Arbeitsteilung führen dazu, dass zur Verbesserung des Lieferservicegrades für den Endkunden immer mehr Wertschöpfungsstufen in das Logistiksystem integriert werden müssen. Insgesamt ergibt sich eine Koordination mit Eingriffen in die Produktions- und Beschaffungsautonomie der Beteiligten (Corsten 2002, S. 947).

Für diese Koordination (Supply Chain Management – im engeren Sinne) ergeben sich zwei Perspektiven (Tan 2001, S. 41 ff.):

- Die Transport- und Logistik-Perspektive beschränkt sich auf den Aspekt der Gestaltung des Logistiksystems.
- Die Einkaufs- und Beschaffungsperspektive (purchasing and supply) ergänzt darüber hinaus die Informationsprobleme, die bereits vor der Optimierung des laufenden Material- und Informationsflusses in der Supply Chain anfallen. D.h. sowohl Lieferantenbeurteilung als auch Lieferantenkontrolle muss mit eingeschlossen werden, so dass Supplier Relationship Management zum Bestandteil des Supply Chain Managements wird.

Es entsteht als ein multifunktionales Kooperationskonzept mit einem starken Bezug zur Beschaffung. In den Mittelpunkt rücken (funktionsübergreifende) Koordinationsmechanismen zur Durchsetzung der „Flussorientierung", zur Steuerung des Materialflusses. Allerdings ist ebenfalls der Finanzmittelfluss zu beachten, denn Material und Kapital stehen in direktem Zusammenhang. Hiermit verbunden sind sowohl Risikosteuerung als auch Erfolgsverteilung (hierzu auch Arnold/Eßig 2005 S. 668).

(a2) Horizontal ausgerichtete Kooperationskonzepte

➢ Beschaffungsallianzen

Während die positiven Effekte der eben beschriebenen Kooperationen auf dem Gebiet der Beschaffung vor allem aus einer verbesserten vertikalen Zusammenarbeit resultieren erbringen horizontale Kooperationen ihre Effizienzsteigerung vor allem auf der Basis von Größenvorteilen. Dabei handelt es sich vor allem um (siehe Eßig 1999, S.86f.):

- Bessere Auslastung der Ressourcen durch eine hohe Homogenität der Beschaffungsobjekte (short-run supply economies of scale).
- Erweiterung der Kapazitäten durch kosteneffizientere Verfahren wie z.B. E-Procurement, d.h. Steigerung der Faktorproduktivität (long-run supply economies of scale).
- Bessere Nutzung der Infrastruktur der - als Kooperation gestalteten - Beschaffungsabteilung (supply economies of scope).
- Vermehrtes Wissen der Einkaufsfachleute und zusätzliche Effekte auf Basis der Beschaffungs-Erfahrungskurve (supply economies of information).

Bei dieser Art der Kooperation steht der strategische Aspekt im Vordergrund. Die Grundlage bildet in einer ersten Phase die Gestaltung der geeigneten Strukturen für die Durchführung der gemeinsamen Beschaffung (Dimension Schaffung einer geeigneten Projektstruktur), wobei die Durchführung selbst in einer zweiten Phase in sieben Einzelschritte zerlegt werden kann (Durchführung des kooperativen Beschaffungsprozesses). Der Zusammenhang lässt sich – für jede Warengruppe - anhand der nachstehen sieben Schritte darstellen:

(1) Federführender Einkäufer (Koordinator) bestimmen;
(2) Warengruppe konstituieren / Unterwarengruppen bilden;
(3) Ausschreibungspakete definieren und Lieferanten bestimmen;
(4) Gemeinsame Ausschreibung durchführen;
(5) Ausschreibungsauswertung;
(6) Verhandlungen mit Auswertung;
(7) Vertragsabschluss.

Einer der wichtigsten Faktoren bildet die Wahl der geeigneten Partner, wobei das zentrale Kriterium zur Feststellung der Kompatibilität der involvierten Unternehmen der sog. „Fit" darstellt, allen voran als Voraussetzung der Beschaffungs-Fit. Die Partnerwahl setzt z.B. einen gemeinsamen Willen, beidseitige Vorteile, balancierte Machtpositionen, Übereinstimmung der strategischen Zielsetzungen, Harmonie der Business Pläne oder kulturellen Fit voraus bzw. diese begünstigen das Entstehen einer Kooperation. Der Beschaffungs-Fit setzt dagegen am Beschaffungsobjekt an, an der Homogenität der gemeinsam zu beschaffenden Objekte, u.a. bedarfsinduzierte Objektmerkmale wie Beschaffungsmenge, Bedarfsstetigkeit, Bedarfsdringlichkeit oder marktinduzierte Objektmerkmale wie Leistungsverfügbarkeit, Mengenverfügbarkeit, Preisstabilität. Als Strukturierungseinheit kann hier die Warengruppe gelten, denn sie bündelt ähnliche bzw. kompatible Objekte – die dann kooperativ beschafft werden sollen (siehe hierzu Arnold/Eßig 2005, S.670f.).

(a3) Neue Formen der Beschaffungskooperationen – Virtuelle Einkaufskooperationen

Gerade im Bereich der Beschaffung ergeben sich durch die neuen Informations- und Kommunikationstechnologien geänderte Kooperationsformen (vgl. zu der hier angesprochenen Thematik Arnold/Eßig 2005, S. 673ff.). So sind unter Verwendung des Mediums Internet in Form der sog. virtuellen Einkaufskooperationen Zusammenschlüsse zur Realisierung von Bündelungsvorteilen möglich. Speziell durch elektronische Marktplätze werden gänzlich neu Möglichkeiten erschlossen. Bedarfe von kleineren Unternehmen, zudem aus verschiedenen Regionen, können leicht zusammengeführt werden. Dieser zeit- und ortunabhängige Zugriff auf die transaktionsspezifischen Informationen macht den elektronischen Marktplatz zu einer zentralen Informationssammelstelle. Der elektronische Marktplatz (das Medium Internet) nimmt z.b. die Stellung eines neutralen Moderators ein, der zwischen Anbieter und Nachfrager vermittelt, indem er nicht nur die gebündelten Bedarfe zusammenführt, sondern auch Verhandlungen mit Lieferanten unterstützt.

Durch den Pooling-Effekt vieler kleinerer Unternehmen über diese Plattform werden über erhöhte Marktmacht und evtl. verbesserter Transparenz verbesserte Konditionen erreicht. Speziell die Beschaffungsprozesse von unkritischen Materialien können automatisiert und vereinfacht werden. E-Procurement verbindet die zentrale Steuerung mit der dezentralen Durchführung von Beschaffungsaufgaben mittels entsprechender Freigabeverfahren (Workflow-Integration) durch die Bedarfsträger selbst.

Allerdings werden durch elektronische Beschaffungskooperationen strategische Aufgaben an Dritte, an die Betreiber des elektronischen Marktplatzes, verlagert. Zu beachten ist, dass die strategischen Beschaffungsaufgaben neben der Beschaffungsmarktforschung vor allem im Bereich des Lieferantenmanagements, des Lieferantenbeziehungs-managements oder im Vertragsmanagement, z.B. bei Rahmenverträgen, liegen.

Durch Verwendung des Internets entwickelt sich die Beschaffung von der reinen Transaktionsdurchführung hin zu einer verstärkten Unterstützung durch die (zentrale) Bereitstellung von Information wie Stammdaten, Prozessdaten, Kommunikation aller Glieder in der Wertschöpfungskette und zwar unter definierten freigaben und Zugriffsbeschränkungen

Insgesamt lässt sich die Online-Einkaufskooperation durch die Phasen
- „Matching" gleichartiger Bedarfe der Kooperationsteilnehmer,
- gemeinsame Verhandlung, Ausschreibung oder Online-Auktion,
- Abrufe der Einzelbedarfe der Teilnehmer

charakterisieren.

(b) Produktion

Hierunter versteht man alle Tätigkeiten der Umwandlung von Inputs in Outputs, d.h. mit Produktion wird die Fertigung oder Herstellung von absatzbestimmten Gütern oder von Zwischenprodukten bezeichnet. Im Rahmen der internationalen Produktion werden aus der Perspektive eines inländischen Unternehmens einzelne Produktionsstufen oder der gesamte Prozess im Ausland durchgeführt (Zentes/Swoboda/Morschett 2004, S. 380). Speziell die partielle Verlagerung von Produktionsprozessen spielt eine gewichtige Rolle.

Im Rahmen der Transaktionsformen sind die Fertigungstiefe einzelner Produktionsstätten oder die Fertigungstiefe des Unternehmens insgesamt festzulegen, gegebenenfalls geeignete Kooperationspartner und die institutionelle Form der Leistungserstellung (zwischen Hierarchie, Markt und Kooperation) zu bestimmen. Speziell ist auch über die Zahl der Produkte an einem Standort, die Zahl der Produktionsstufen und die Zahl der zu beliefernden Märkte zu entscheiden.

Ein Kernpunkt im Rahmen der Umstrukturierung der Wertschöpfungsprozesse ist seit längerem die Intensivierung der Zusammenarbeit mit vorgelagerten Wertschöpfungsstufen, es ist insgesamt ein Trend zur Reduktion der Fertigungstiefe zu beobachten. Die Frage des Outsourcing, d.h. „Buy-Entscheidungen" bzw. Formen der Externalisierung, dominieren auch die Diskussion um die prozessorientierte Neugestaltung („Reengineering") der Wertschöpfungskette.

Im Rahmen der Globalisierung findet der Wettbewerb nicht mehr ausschließlich innerhalb nationaler Märkte statt. Und aufgrund der geänderten Marktbedingungen treten nicht mehr einzelne Unternehmen miteinander in den Wettbewerb, sondern ganze Wertschöpfungsketten (Carrie 2000). Das einzelne Unternehmen tritt in den Hintergrund, es wird eine übergreifende Betrachtung der Prozesse angestrebt. In der Weiterentwicklung des Supply Chain Management Gedankens kommt es über die Bildung von Logistikketten hinaus zu Produktionsnetzwerken (Lutz/Wiendahl 2005, S. 685). Die Grundidee besteht in dem gemeinsamen Gebrauch von Ressourcen und einer verknüpften Planung der Wertschöpfungsprozesse. Es handelt sich um dynamisch rekonfigurierende Unternehmenskooperationen, die in ihrer Dauer begrenzt sind.

Bestimmte Prozessschritte, die von einem Unternehmen ausgeführt werden, können auch bei einem Partner der Kooperation erfolgen, z.B. die kurzfristige Fremdvergabe von Prozessschritten einzelner Aufträge. Die Existenz von redundanten Ressourcen ist ein konstituierendes Merkmal von Kooperationen bzw. Produktionsnetzen. Es befinden sich nicht nur Hersteller und Zulieferer im Dialog, sondern auch die Zulieferer untereinander. Derartige Kooperationen sind gekennzeichnet von intensiver Kommunikation zwischen allen beteiligten Partnern (siehe hierzu Lutz/Wiendahl S. 685f.).

Um Ressourcen übergreifend nutzen zu können ist eine enge Verknüpfung der Partner notwendig. Im Hinblick auf die bestehenden Machtverhältnisse und die Dauer des Bestehens können verschiedene Kooperationskonzepte unterschieden werden (von den beschriebenen traditionellen Zulieferbeziehungen bis zu Produktionsnetzwerken (siehe nachstehende Abbildung in Anlehnung an Hieber 2002 und Schönsleben 2002), wobei das virtuell Enterprise eine Kooperation ist, in der jeder Partner eine spezielle Kompetenz in den Verbund einbringt, die in der Regel auf die Durchführung eines Projektes begrenzt ist.

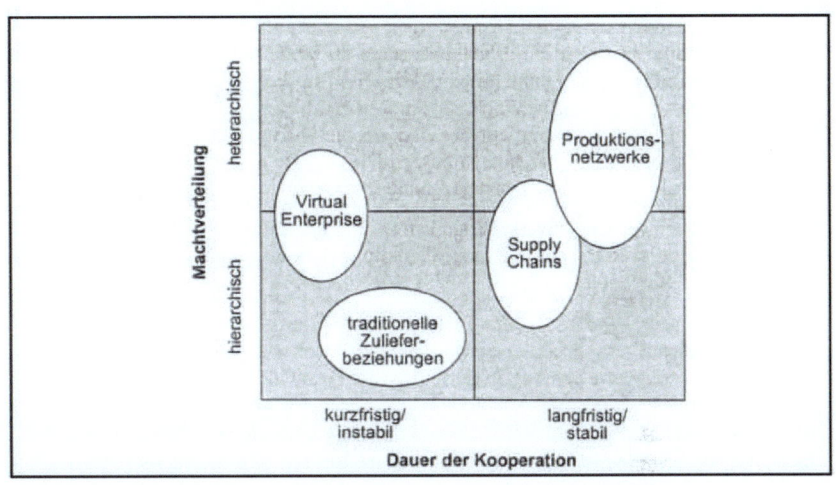

Abb. 11: Kooperationskonzepte in der Produktion;   Quelle: Lutz/Wiendahl 2005, S. 687

Für die Realisierung von internationalen Produktionsprozessen stehen einem Unternehmen zwei grundsätzliche Optionen der Transaktionsformgestaltung zur Verfügung, der Aufbau von eigenen Produktionsstätten (Eigenproduktion) und Fremdproduktion, d.h. die Nutzung von Auftragsfertigung im Ausland. Oftmals ist eine Eigenproduktion nicht möglich, z.B. wenn Staaten ausländischen Unternehmen keine Direktinvestitionen erlauben, oder aber auch nicht sinnvoll, z.B. aufgrund von politischen Risiken oder Zeitvorteilen durch Produktionskooperation mit einem Unternehmen vor Ort. Als typische kooperative Form der Fremdproduktion kann die Lizensierung gesehen werden oder die Lohnveredelung, die sich oftmals auf Lohnkostenunterschieden zwischen den einzelnen Ländern gründet.

Eine weitere Form stellt die Auftragsfertigung bzw. „Contract Manufacturing" dar bei der ein inländisches Unternehmen einzelnen oder mehrere Stufen der Fertigung an ein ausländisches Unternehmen überträgt bzw. auch die Montage, die Endproduktion von einem ausländischen Partner ausführen lässt. Gerade diese Form der Zusammenarbeit hat in den letzten Jahren vom Trend zum Outsourcing profitiert (zu den einzelnen Varianten siehe z.B. Zentes/Swoboda/Morschett 2004, S. 420ff.).

Auch im Bereich der Produktion bieten sich ebenfalls „hybride" Formen an, z.B. internationale Joint Ventures als Zwischenform. Diese sind insgesamt mit einer geringeren Höhe von Kapitaltransfers verbunden (zur Diskussion auch Büchel 2003 und Pausenberger 1992).

49

Innerhalb von Kooperationen im Bereich der Produktion und speziell im Zusammenhang mit Produktionsnetzen (zur Thematik globaler Produktionsnetzwerke siehe z.B. Henderson 2002) kommt dem Monitoring und Controlling eine zentrale Bedeutung zu. Spezielle Problemfelder sind (Lutz/Wiendahl 2005)

- Informationsaustausch (Datenaustausch),
- Auftragsmanagement, d.h. Kapazitäts- und Lagermonitoring,
- Veränderung innerhalb der PPS-Funktionen,
- Agententechnologie, d.h. Agenten in Lieferketten oder Produktionsnetzwerken.

(c) Logistik

Die vielfältigen Güteraustauschbeziehungen werden durch die Wertschöpfungsaktivität Logistik realisiert. Bei den Logistiksystemen handelt es sich um Input-Output-Systeme, in denen die Inputfaktoren wie Transport, Verpackung, Lagerhaus, Lagerhaltung oder Auftragsabwicklung Logistikkosten verursachen, um die geforderte Logistikleistung in Form von Lieferservice zu erbringen (Output). Es handelt sich also um ein Zusammenspiel von Bewegungs- und Lagerprozessen. Neben dem Güterfluss sind die Informationsflüsse, die Informationen der Abwicklungsprozesse eine wichtige Grundlage der Logistik. Im Rahmen der konkreten Betrachtung kann man die logistische Subsysteme Beschaffungslogistik, Produktionslogistik, Distributionslogistik unterscheiden, wobei der Lieferservice als Zielgröße fungiert. Im Zusammenhang mit internationalen Geschäftsbeziehungen und der internationalen Logistik kann man als Besonderheiten folgende Faktoren herausheben (Zentes/ Swoboda/Morschett 2004, S.466ff.):

- Distanz,
- Beschränkung des freien Güterverkehrs,
- Verfügbarkeit der Infrastruktur,
- Geografie und Klima,
- Informations- und Kommunikationssysteme,
- Zahlungsbedingungen und Abwicklung,
- Politisch-rechtliche Einflussnahme,
- Länderübergreifende Interdependenzen.

Bei der Erstellung der logistischen Dienstleistung stellt sich vermehrt die Frage nach der Transaktionsform. Die Tendenz zur Internationalisierung und verstärkter Cross-Border-Wertschöpfung zusammen mit der Entwicklung neuer Informations- und Kommunikationstechnologien sowie einer Hinwendung der Fokussierung auf die Kernkompetenzen hat das Outsourcing, den Einsatz spezieller Logistikdienstleister sehr stark gefördert. Immer häufiger übernehmen

50

diese Logistikdienstleister eine wichtige Aufgabe bei der Optimierung der Versorgungskette. Neben der flussorientierten Betrachtungsweise der Logistik tritt ein ganzheitliches, integriertes Management der Güterflussketten in den Vordergrund. Aufgrund der neuen Rahmenbedingungen gewinnen Logistik-Netzwerke eine immer stärkere Gewichtung.

Vorteile aus dem Netzwerk lassen sich nur auf unternehmensübergreifender Ebene realisieren. Im Netzwerk sind Ressourcen zusammenzufassen und gemeinsam zu nutzen. Hier lassen sich als netzwerkspezifische Vorteile generieren (siehe Wittig 2005, S. 112ff.):

- Synergieeffekte,
- Risikoteilung und –streuung,
- Aufhebung von Ressourcenengpässen und Zugang zu Schlüsselressourcen.

Beim Management von Logistiknetzwerken sind neben der strategischen Ausrichtung vor allem die Entscheidungsphasen und die Koordinationsinstrumente festzulegen (zur ausführlichen Charakterisierung Wittig 2005, S. 106ff.). Mit Bezug zu den Erfolgsfaktoren in Logistiknetzwerken sind neben der zentralen Logistikleistung (die Fähigkeit, den Kunden schnell, zuverlässig und flexibel mit qualitativ einwandfreien, den Kundenanforderungen entsprechenden Gütermengen und –sorten zu versorgen) die Logistikkosten das bestimmende Element. Zur Performance des Netzwerkes gehört weiterhin die Flexibilität, um auf Veränderungen der Umwelt einzugehen, d.h. die Anpassungsfähigkeit des Netzwerkes. (ebenda S. 170ff.). So weisen in der empirischen Analyse Gruppen mit einer dauerhaften Steigerung der Zufriedenheit ähnliche Beurteilungswerte hinsichtlich der Kosten- / Kundenorientierung, Zeit- / Synergieorientierung sowie der Prozess- und Kulturelemente auf (Wittig 2005, S. 291 – zu weiteren Analysen zu Kooperationen im Beriech Logistik bzw. logistischen Netzwerken siehe z.B. Juga 1996 oder Kayser 2004).

3.3 Gestaltung des Kernprozesses Marktbearbeitung

Gerade beim Marktbearbeitungsprozess sind die enge Verknüpfung der verschiedenen Teilprozesse und die Schnittstellen zwischen Marketing und Forschung & Entwicklung (F&E) von grundlegender Bedeutung. Den Zusammenhang kann man wie folgt beschreiben (Ebner/Walti 1996, S.26): Das Marketing bringt das Anwenderverständnis ein; so wird aus dem Kundenbedürfnis die funktionale Spezifikation abgeleitet. Im nächsten Schritt bringt der Bereich F&E

das technische Fachwissen ein und erarbeitet die technische Spezifikation sowie die technische Lösung. Im letzten Schritt erfolgt durch das Marketing (den Vertrieb) auf Basis des konsumentenbezogenen Fachwissens die Vermarktung. Die Koordination dieses Prozesses bildet eine wichtige Aufgabe des Innovationsmanagements. Im Folgenden werden die Wertschöpfungsaktivitäten F&E und Marketing separat behandelt.

(a) Forschung & Entwicklung (F&E)

Die Teilfunktion F&E zielt ab auf die Generierung von Wissen, das in die zukünftigen Produkte und Produktionsprozesse eines Unternehmens eingehen soll (Brockhoff, 1999, S. 48). Der Innovationsprozess bildet ein wichtiges Element im Rahmen der Produktpolitik. Ziel ist es, die Grundbedürfnisse und Zusatzbedürfnisse der Zielgruppen so gestalten, dass das Angebot diese

- erstmalig,
- auf neue Art und Weise,
- auf herkömmliche Weise, aber mit Wettbewerbsvorteilen, d.h. qualitativ besser, zuverlässiger oder zu niedrigeren Preisen

befriedigt. In jedem Fall werden dann Wettbewerbsvorteile generiert, wobei die Gestaltung von F&E gerade im internationalen Kontext wesentlich zur Erhöhung der Wettbewerbsfähigkeit beitragen kann.

Gerade für technologiebasierte Unternehmen wird der Wissensentstehungsprozess zunehmend global. Internationalisierung wurde hauptsächlich umgesetzt durch spezifische F&E-Standort, z.B. Ausweitung von F&E-Kapazitäten in lokalen Tochtergesellschaften oder Akquisition von lokalen Unternehme n mit F&E-Einheiten. Dabei ist im Rahmen der hierarchischen Organisation zu entscheiden wie der Koordination erfolgen soll und welche Leistungstiefe gewählt werden soll bzw. was externalisiert und welche Aktivitäten über den Markt abgewickelt werden sollen.

Die in jüngster Zeit zu beobachtende Zunahme der Wettbewerbsintensität sowie mit der Verringerung der eigenen Wertschöpfungstiefe einhergehende Spezialisierung führen vermehrt zu Kooperationen auch auf dem Gebiet der F&E. Dabei ist eine der wichtigsten Kooperationsvoraussetzungen auf diesem Gebiet die Fähigkeit, die gemeinsam erarbeiteten Ergebnisse unternehmensspezifisch umzusetzen. Es ist unabhängig von den externen Quellen eine unternehmensinterne F&E zu betreiben, den gegenseitigen Austausch von Wissen der Beteiligten zu ermöglichen und Gelegenheit zu interorganisationalem Lernen zu bieten (Schneider 2003).

Sowohl für Kooperationen als auch für Eigenerstellung gibt es eine Reihe von Vor- und Nachteilen(siehe z.B. Bürgel/Haller/Binder 1996, S. 337 oder Zentes/Swoboda/Morschett 2004, S. 552ff.). Einen wesentlichen Einfluss bzgl. einer Kooperationsstrategie hat die Dynamik von Technologie- und Marktunsicherheiten. Aus dem technologischen Risiko resultiert prozessorientierte Unsicherheit über die Machbarkeit der verfolgten technischen Ziele und aus dem Marktrisiko die externe Verwertungsunsicherheit aus der fehlenden Bestimmtheit des zukünftigen Marktes. Auf Basis dieser zwei Dimensionen können dann vier Situationen unterschieden werden und zwar innovative Vorhaben, „Market-Pull-Situationen", „Technology-Push-Situationen" und inkrementale Innovationen (siehe hierzu z.B. Boehmer/Brockhoff/Pearson 1992, S. 504ff.).

Es besteht ein breites Spektrum an Möglichkeiten der Zusammenarbeit bei Generierung von externem Wissen. Die verschiedenen Transaktionsformen innerhalb der F&E lassen sich auf einem Kontinuum zunehmender Intensität der Integration darstellen. Folgende Möglichkeiten können herausgehoben werden (zur Diskussion dieser Thematik siehe z.B. Oesterle 2003, S. 641 ff. oder Zentes/Swoboda/Morschett 2004, S 558ff.):

- Gemeinschaftsforschung;
- Vertrags- oder Kontraktforschung;
- Lizenzen;
- F&E-Gemeinschaftsunternehmen;
- Akquisition und Beteiligungen.

Die einzelnen Aspekte sollen an dieser Stelle nicht weiter beleuchtet werden. Bzgl. der Effekte von Netzwerken auf Innovationserfolge sei z.B. verwiesen auf Kim/Park 2010 oder Phelps 2010 und zur Wissensdiffusion auf Singh 2005. Weiterhin sei hier lediglich angemerkt, dass die intensivste Form der F&E-Kooperation in der Gründung eines F&E-Equity-Joint-Ventures besteht, wobei neben der geringen Flexibilität die Gefahr besteht, unerwünschte Einblicke in weitere, nicht zur Kooperation gehörige F&E-Aktivitäten zu gewähren.

(b) Marketing

Im Rahmen der internationalen Geschäftsbeziehungen beantwortet das Marketing die Frage nach Strategien und Instrumenten des Marketings in Auslandsmärkten (Zentes/ Swoboda/Morschett 2004, S.609ff.). Einen wichtigen Punkt dabei bildet bei der Markterschließung zunächst die Konfiguration, die Marktsegmentierung sowie die Marktbewertung und -auswahl. Danach muss geklärt werden mit welcher Vorgehensweise die einzelnen Ländermärkte bearbeitet werden sollen. Hierbei stehen zunächst die Markteintrittsstrategie bzw. die Formen des Auslandsengagements im Vordergrund.

Unter theoretischen Gesichtspunkten kann man die Markteintrittsentscheidung unter zwei Perspektiven erörtern (hierzu Kotabe/Helsen 2010, S. 298). Nach dem Transaktionskostenansatz wird der Vorgang als „Make-or-Buy"-Entscheidung betrachtet (Anderson/Gatinton 19986). Jeder Markteintritt wird als Transaktion definiert, wobei mit zunehmendem Wettbewerb die Notwendigkeit von Führung und Kontrolle verringert wird und so entsprechende „low-control" Marktbearbeitungsformen fördert (z.B. Export). Wenn dagegen der Marktmechanismus eingeschränkt ist gewinnen „high-control" Marktbearbeitungsformen an Bedeutung (sieh hierzu auch Zhao/ Luo/Suh 2004). Der ressourcenbasierte Ansatz fragt inwieweit die verfügbaren Ressourcen ausreichen, um Wettbewerbsvorteile zu generieren. So sind bei schwer zu imitierenden Wettbewerbsvorteilen Expansionsformen mit vollständig kontrollierten Tochtergesellschaften zu bevorzugen, um die Werte zu schützen und den Informationstransfer effizienter zu gestalten (Brouthers/Brouthers/Werner 2008). Während der Transaktionskostenansatz neben der Unterstellung eines opportunistischen Verhaltens und eher von einem einmaligen Ereignis ausgeht, stellt der ressourcenbasierte Ansatz mehr den dynamischen Prozess und die Möglichkeit des Lernens in den Vordergrund (hierzu auch Peng 2001).

Für die praktische Umsetzung werden mögliche Alternativen z.B. ausgewählt anhand der nachstehenden Faktoren (vgl. Neubert 2006, S. 40f.):

- Kosten des Markteintritts,
- Kapitalintensität,
- Informationsbedarf,
- Lokale Kommunikation,
- Veränderungen in Organisation und Management,
- Langfristige Bindung (Commitment).

Eine grundlegende Unterteilung von internationalen Aktivitäten besteht in Außenhandels- und Direktinvestitionstätigkeit. Zwischenformen bilden darüber hinaus Beziehungen ohne Kapitalbeteiligung. Diese Transaktionsformen beinhalten zum einen eine Wertschöpfungsstrategie im Inland (Export)bzw. zum anderen im Ausland (mit und ohne Kapitaltransfer).

Die Qualität des Vertriebs ist ein entscheidender Faktor bei der Erzielung von Markterfolg; erst über den Vertrieb ist der Eintritt in neue Märkte möglich und in Form von Beratung und Problemlösung trägt er wesentlich zum Kundennutzen bei. Die Entscheidung über Vertriebskooperationen beinhaltet also eine grundlegende strategische Entscheidung (zu Kooperationen im Vertrieb, deren Erfolgsfaktoren und Entscheidungsbereich siehe auch Belz/Reinhold 2005). Es ergibt sich eine „Transaktionsformen-Band" mit den Polen Markt und Integration (Hierarchie) mit zunehmender Internalisierung (siehe hierzu bzw. auch dem Spektrum der Betätigungsformen Zentes/Swoboda/Schramm-Klein 2010, S. 217ff.). Im Einzelnen kann man unterscheiden (zum aktuellen Stand der Diskussion um internationale Markteintrittsstrategien siehe auch Schramm-Klein 2012):

- Marktliche Transaktionsformen
  a) indirekter Export;
  b) direkter Export
- Kooperative Transaktionsformen
  a) ohne Kapitaltransfer
    o Exportgemeinschaften
    o Internationale Lizenzen
    o Internationales Franchising
    o Managementverträge
  b) mit Kapitaltransfer
    o Joint Ventures
- Hierarchische Transaktionsformen
  a) Gründung von Tochtergesellschaften
  b) Akquisitionen

Die Determinanten bzgl. der Transaktionsform im internationalen Marketing kann man auch auf Basis einer Matrix mit den Dimensionen Marktattraktivität und Marktbarrieren treffen wie sie nachstehend dargestellt ist (Abbildung 12).

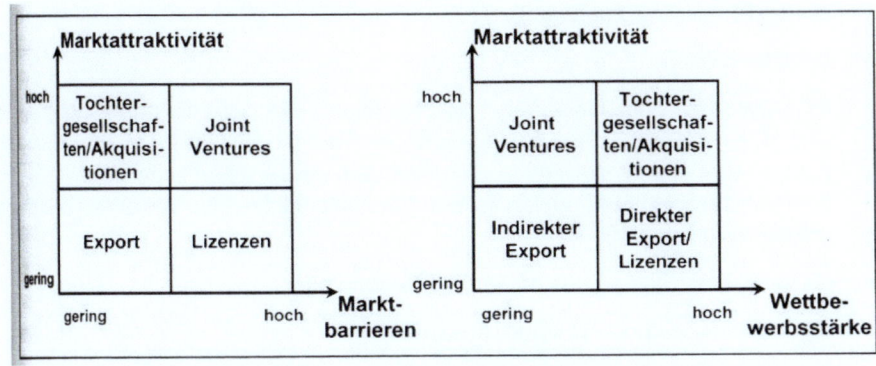

Abb. 12: Zusammenführung Markttypen und Internationalisierungsform; Quelle Zentes/Swoboda/Morschett 2004, S.661

Bei einer niedrigen Marktattraktivität und niedrigen Marktbarrieren würde man z.B. als Strategie die Variante der Exporte wählen, bei hoher Wettbewerbsstärke und hoher Marktattraktivität dagegen eine Akquisition bzw. die Gründung einer Tochtergesellschaft. In der Praxis sind bei der Wahl der Strategie jedoch eine Vielzahl von Faktoren zu berücksichtigen (siehe oben); das Vorgehen in Stufen bei der Marktbearbeitung ist allerdings oftmals ein adäquater Ansatz.

(b1) Export

Im Zusammenhang mit dem Begriff Export ist auf die unterschiedliche Verwendung des Begriffs in der Volkswirtschaft und Betriebswirtschaft zu verweisen. In volkswirtschaftlichen Rechenwerken wie z.B. der Zahlungsbilanz tauchen Waren- und Dienstleistungsströme an verbundene Unternehmenseinheiten im Ausland als Exportströme auf. Betriebswirtschaftlich sind Lieferungen an eigene Vertriebsniederlassungen, -filialen und Tochtergesellschaften nicht als Export zu betrachten. Sie setzen umfassende Direktinvestitionen voraus. Deren Charakteristika werden bei Darstellung der direktinvestiven Markteintritts- und Markteintrittsformen (z.B. Joint Venture, Akquisition) behandelt

Indirekter Export

Der indirekte Export erfolgt durch Einschaltung von Handelsmittlern im Inland, d.h. der direkte Ansprechpartner des exportierenden Unternehmens ist im Inland beheimatet. Zwischen dem ausländischen Geschäftspartner und dem Exporteur besteht nur eine indirekte Beziehung und zwar durch einen Intermediär, d.h. die Unternehmung wagt nicht selbst den Gang ins Ausland sondern exportiert über eine inländische Außenhandels-unternehmung bzw. ein inländisches Exporthaus oder aber auch über (inländische) Einkaufsniederlassungen einer ausländischen Unternehmung.

Direkter Export

Im Gegensatz zum indirekten Export erfolgen die Außenhandelsaktivitäten beim direkten Export ohne Einschaltung von Handelsmittlern im Inland, d.h. es existiert eine direkte Beziehung zwischen dem inländischen Unternehmen und dem (mindestens einer) ausländischen Geschäftspartner. Als Varianten können unterschieden werden

(1) der direkte Export ohne Mittler im Gastland oder

(2) der direkte Export mit Mittler im Gastland.

Der direkte Export ohne Mittler im Gastland kann einerseits direkt an den Endabnehmer, also an Unternehmungen, Institutionen, Privatkunden) oder andererseits an den Handel, also Großhandel, Einzelhandel im Ausland erfolgen.

56

Eine Sonderform bildet der Einsatz von Auslandsreisenden. Hierbei werden eigene Mitarbeiter der inländischen Unternehmung ins Ausland entsandt, um dort die Produkte oder Dienstleistungen an Handel oder Endabnehmer zu vermarkten. Sie sind beim inländischen Unternehmen angestellt und weisungsgebunden.

Man kann den Export jedoch auch durch Mittler im Gastland durchführen, die im Gegensatz zu den Auslandsreisenden, selbständig sind, d.h. sie stehen nicht in einem weisungsgebundenen Angestelltenverhältnis. Sie sind selbständige Gewerbetreibende. Dabei kommen als Geschäftspartner in Frage:

a) Handelsvertreter,
b) Kommissionäre,
c) Handelsmakler,
d) Generalimporteure.

(b2) Lizensierung

Bei der Lizensierung geht es um vertragliche Abkommen mit denen intangible Vermögenswerte unter bestimmten Bedingungen durch einen inländischen Lizenzgeber einem ausländischen Lizenznehmer zur Verfügung gestellt werden.

Als intangible Vermögenswerte für die Lizensierung gelten vor allem Schutzrechtslizenzen wie Patente, Gebrauchsmuster, Geschmacksmuster, Warenzeichen (Marken) oder Urheberrechte und Know-how-Lizenzen wie technisches Know-how und kaufmännisches Know-how.

Grundsätzlich gilt der Schutz nur für das Land, in dem das Schutzrecht auch eingetragen ist (Territorialprinzip). D.h. also, das ein international tätiges Unternehmen sich dieses recht prinzipielle in jedem einzelnen Land eintragen lassen muss. Daher ist eine vorausschauende Schutzrechtsstrategie notwendig. Denn wenn in einem Land das Recht nicht eingetragen ist, kann eine andere Unternehmung es dort völlig legal für sich beanspruchen – und zwar ohne pekuniären Ausgleich. Ist der Schutz erwirkt, dann besteht die Möglichkeit, dieses Recht im Ausland selbst geltend zu machen, z.B. auch indem es im Rahmen einer Lizenz an einen Geschäftspartner veräußert wird. In diesem Fall kommt es zu einem Lizenzvertrag.

Wird (mit einem ausländischen Partner) ein Lizenzvertrag geschlossen, so ist er in der Regel mit bestimmten Bedingungen versehen, wobei verschiedene Varianten möglich sind (Kutschker/Schmid 2011, S.866 zitieren hier Böcker 1991, S.75-77).Eine Möglichkeit besteht in der Festlegung von *sachlichen Restriktionen*, d.h. eine Lizenz wird nicht für alle Verwendungsformen vergeben. Man kann z.B. differenzieren nach

- Herstellungslizenz, d.h. der Lizenznehmer wird zur Produktion befugt,
- Vertriebslizenz, die die Erlaubnis zum Verkauf des Lizenzobjektes erteilt, sowie
- Gebrauchslizenz, die lediglich die interne Nutzung verfügt.

Eine Lizenz wird in der Regel nicht weltweit vergeben, es wird auf ein bestimmtes geographisches Gebiet beschränkt – *räumliche Restriktion* -, im internationalen Geschäft z.B. Ländergruppen, einzelnen Länder oder auch nur für eine bestimmte Region (wie die Region Kalifornien innerhalb der USA). Darüber hinaus wird die Lizenz nicht unbegrenzt erteilt, sondern nur für einen bestimmten Zeitraum – *zeitliche Restriktion* -, wobei die Höchstdauer normalerweise der Schutzdauer des Lizenzgegenstandes entspricht. Letztlich wird eine Lizenz oft nicht exklusiv an <u>einen</u> ausländischen Partner übertragen, sondern mehreren zur Verfügung gestellt – *Restriktion über die Zahl der Lizenzpartner.*

Für die Inanspruchnahme der intangiblen Vermögensgegen-stände hat der Lizenznehmer ein Entgelt zu zahlen, die Lizenzgebühren. Hierbei haben sich zwei Varianten herausgebildet:

- Pauschallizenzgebühren in Form von einmaligen oder periodisch wiederkehrenden fest fixierten Gebühren („down Payment", „lump sums") oder
- laufende Lizenzgebühren in Form von beschaffungs-, absatz-, umsatz- oder gewinnbezogenen Größen („royalties").

(b3) *Franchising*

Franchising ist der Lizenzierung in manchen Punkten ähnlich, wobei es sich im Wesentlichen auf den Vertrieb bezieht. Beim Franchising stellt der inländische Franchisegeber dem rechtlich selbstständigen Franchisenehmer eine umfassendes Leistungspaket („Business Format" bzw. Business Package") zur Verfügung. Es ist häufig ein seit langem bewährtes Beschaffungs-, Absatz-, Organisations- und Managementkonzept, das dem Franchisenehmer Wettbewerbsvorteile verspricht, z.B. durch den Markennamen, aber auch durch die Qualität des Produktes oder ein intelligentes Servicesystem. Im Gegenzug gewährt der Franchisenehmer dem Franchisegeber ein umfassendes Weisungs- und Kontrollrecht. Grundlage der Geschäftsbeziehung ist ein Franchisevertrag, der ein Dauerschuldverhältnis zwischen dem (inländischen) Franchisegeber und dem (ausländischen) Franchisegeber begründet.

Im Kern beruht Franchising auf eine ausgeprägte vertikale Arbeitsteilung (zum Kooperationscharakter dieser Marktbearbeitungsform siehe z.B. Sydow 1994). Hierbei werden alle nicht unmittelbar verkaufsbezogenen Aktivitäten (z.B.

Marktforschung, Werbung, Verkaufsförderung, Ladengestaltung, Schulung, Erfolgskontrolle) an die Systemzentrale delegiert, während sich der Franchisenehmer sich voll auf die Vertriebsaufgaben konzentriert.

(b4) *Joint Venture*

Eine wichtige Form der Kooperation stellt das Joint Venture dar (zum Joint Venture als internationale kooperationsform siehe auch Albach 1991). Es handelt sich um ein gemeinsames Unternehmen zweier oder mehrerer Partner, wobei eine „neue" Unternehmung mit eigener Rechtspersönlichkeit geschaffen wird – bei internationalem Markteintritt im Ausland angesiedelt. Es wird von ihnen gemeinsam getragen; dabei sind entsprechend den Differenzierungskriterien unterschiedliche Varianten möglich. Die unterschiedlichen Ausprägungsformen werden nachstehend entsprechend verschiedener Kriterien dargestellt (siehe auch Kutschker/Schmid 2011 S.888ff.).

Insgesamt ist eine Instabilität von Joint Ventures zu beobachten. Studien (u.a. Das/Teng 2000; Meschi 2005) gelangen zu dem Ergebnis, dass Instabilität besonders gefördert wird durch:

- Vage und nicht offen artikulierte Ziele.
- Starke Änderung der Ziele im Zeitablauf, die Ziele mit den ursprünglichen Gestaltungselementen schwer vereinbar sind.
- Ein vorher nicht gewünschtes zu großes Dominanzstreben einzelner Partner.
- Reale oder subjektive Furcht einzelner Partner vor den Verlust der Eigenständigkeit.
- (Allzu) ungleiche Verteilung der Vorteile des Joint Venture.

(b5) *Strategische Allianzen*

Bei einer Strategischen Allianz handelt es sich um eine strategische Zusammenarbeit bzw. Partnerschaft von mindestens zwei, häufig jedoch mehreren Unternehmen; es beinhaltet also eine weitere Form der Kooperation. Hierbei beschließen die Partner in einem genau definierten Bereich zu kooperieren. Im Gegensatz zu einem Joint Venture wird bei einer Strategischen Allianz auf die Errichtung eines Gemeinschaftsunternehmens sowie auf gegenseitige Kapitalbeteiligung verzichtet.

In einigen Branchen sind Strategische Allianzen inzwischen zur Normalität geworden. Gerade in der Luftfahrzeugindustrie kam es zu umfangreichen Allianzen.

Man kann vier Typen von Strategischen Allianzen unterschieden, in denen Hauptmotive sichtbar werden.

a) Volumenallianzen

Im Mittelpunkt steht das Streben, durch Kooperationen Größeneffekte zu erzielen (Economies of Scale), die die Partner alleine nicht realisieren können.

b) Komplementaritätsallianzen

Das Motiv besteht darin, den Zugang zu komplementären Ressourcen, Fähigkeiten oder Kompetenzen zu erleichtern (Economies of Scope) – derartige Strukturen eines Netzwerkes von mehreren Unternehmen die voneinander abhängig sind, deren Strategie jedoch komplementär bezeichnet Albach als Strategische Familienallianzen bei den Leistungswettbewerb herrscht, jedoch kein Marktwettbewerb (siehe Albach 1992, S. 665).

c) Burden-Sharing-Allianzen

Bei dieser Art von Allianzen geht es darum, Risiken zu teilen, z.B. in Form einer gemeinsamen Entwicklung eines Produktes, dessen Marktfähigkeit extrem unsicher ist wie bei einem neuartigen Medikament.

d) Markterschließungsallianzen

Hier steht die Erschließung eines neuen Marktes oder ein beschleunigter Markteintritt im Vordergrund; wenn es einem Unternehmen gelingt, in eine bereits bestehende Allianz einzutreten, kommt es zu besonderen Geschwindigkeitsvorteilen.

In der Regel gibt es jedoch keine eindimensionalen Begründungen, so dass in der Praxis häufig mehrere Motive gleichzeitig für die Bildung einer Strategischen Allianz existieren.

(b6) Akquisitionen

Um operative Kontrolle und Einflussnahme auf ausländischen Geschäftsaktivitäten zu erlangen, werden oft auch ausländische Direktinvestitionen vorgenommen, d.h. Transfer von Kapital ins Ausland. Dies kann in Form von Akquisitionen oder auch von Neugründungen erfolgen.

Das wesentliche Kriterium der Akquisition ist die Änderung der Eigentumsverhältnisse am Eigenkapital. In der engen Definition bedeutet dies die Komplettoder zumindest Mehrheitsübernahme. Doch auch Minderheitsbeteiligungen als Markteintrittsform sind durchaus üblich, häufig als erste Stufe der Bearbeitung eines Auslandsmarktes. Sie reduziert den Kapitaleinsatz (vermindertes Risiko) und ermöglicht z.B. eine Sperrminorität. Die Einflussnahme auf die Geschäfts-politik bleibt jedoch das zentrale Problem der Variante Minderheitsbeteiligung.

Bei einer Akquisition kommt der Integration eine große Bedeutung zu. Wichtig ist dabei, die Interdependenz zwischen Akquisitions- und Integrationsphase zu beachten. Es gibt jedoch nicht nur den Fall der Integration im eigentlichen Sinn, sondern auch die Restrukturierung, einem grundlegenden Umbau des Akqui-sitionsobjektes, sowie der Unabhängigkeit, d.h. das akquirierte Unternehmen behält eine möglichst große Autonomie (Kutschker/Schmid 2011 S. 918).

(b7) Greenfield - Gründung einer Tochtergesellschaft im Ausland

Als klassische Form des Alleingangs in einen ausländischen Markt gilt die Grün-dung und der Aufbau einer 100%-igen Tochtergesellschaft. Hierbei behält man alle entscheidungsrelevanten Gegebenheiten in der „eigenen Hand". Dadurch ergeben sich wesentliche Vorteile, speziell:

- Alleiniges Steuerungspotenzial,
- Möglichkeit den eigenen Marktauftritt zu etablieren,
- Kein Abfluss von Know-how,
- Gute Übertragung der Wettbewerbsvorteile auf die eigene Tochterge-sellschaft.

Allerdings sind damit auch Nachteile bzw. Probleme verbunden, speziell:

- Hoher Kapitaleinsatz
- Aufbau der internen Strukturen und der Kanäle im Markt
- Notwendigkeit lokales Personal zu aufzubauen
- Beträchtlicher Zeitbedarf
- Strategische Rolle der Auslandsgesellschaft

(c) Integration der Kernprozesse

Im Rahmen der wettbewerbsstrategischen Herausforderungen ist ein Unterneh-men besonders auch auf dem Gebiet des Einsatzes der Marketinginstrumente (Marketing-Mix) gefordert. Bei steigenden Kosten für das Marketing ist eine Ressourcenbündelung im Zuge der internationalen Geschäftsbeziehungen an-gezeigt. Kooperationen im Marketing sind durch eine gemeinsame Nutzung und Entwicklung der Ressourcen und / oder der Zusammenlegung und Koordination von Marketingprogrammen der Partner gekennzeichnet. Die Kooperationen im Marketing können wiederum in verschiedenen Richtungen erfolgen (vgl. hierzu und den einzelnen Möglichkeiten Benkenstein/Beyer 2005, S. 709ff., speziell auch die Übersicht zur Systematisierung der Kooperationsformen S. 723):

- Horizontale Marketingkooperation, z.B. gemeinsame Angebote / Konsortien, Kollektivwerbung, Bonusprogramme, Gütezeichen;
- Vertikale Marketingkooperationen, z.b. spezielle Hersteller-Zulieferbeziehungen (analog zur Thematik der Beschaffung, jedoch aus Sicht des Zulieferers), Category Management und Efficient Consumer Response;
- Diagonale Marketingkooperationen, z.b. Bundling / Paketangebote, Co-Branding, Cross-Selling.

Diese breite Palette der möglichen Integrationsformen macht auch deutlich, dass die weit gehend getrennte Betrachtung von Marktbearbeitung und der physischen Prozesse immer mehr – auch vor dem Hintergrund einer zunehmenden Kundenorientierung von Unternehmen – aufgehoben wird. Man fasst international tätige Unternehmen als Systeme auf, die aus vielfältig verknüpften Prozessen bestehen und mit anderen Systemen in ihrem Umfeld interagieren.

Eine Basis bildet die Prozessorientierung. Diese Denkweise geht davon aus, dass alle Wertschöpfungsaktivitäten, die für die Erfüllung der Kundenbedürfnisse notwendig sind, durchgängig und zusammenhängend zu gestalten sind. Sie macht eine übergreifende Koordination notwendig ist. Durch Prozessbildung sollen Barrieren zwischen den einzelnen Funktionen abgebaut werden, Schnittstellen reduziert werden, um damit die Kundenorientierung aller Prozesse zu erhöhen und die entsprechende Time to Market zu verringern.

Dieser Zusammenhang der Verknüpfung von Beschaffungs- und F&E-Prozessen wird gerade bei Modullieferanten besonders deutlich; bei diesem Geschäftsmodell werden Teile der Entwicklungsprozesse an die Zulieferer „outgesourct", die eigene Entwicklungstiefe wird also reduziert.

Zur Lösung derartiger Problemstellungen kommt der Ausgestaltung der Koordination eine wichtige Rolle zu. Es stellt sich die Frage nach dem anzuwendenden Organisationsmodell, speziell unter dem hier diskutierten Aspekt die der Organisation internationaler Geschäftsbeziehungen. Dieser Sachverhalt wird im folgenden Kapitel behandelt.

4 Organisation internationaler Geschäftsbeziehungen

4.1 Modularisierung der Unternehmung

(a) Kernaktivitäten der Organisation

Im Zuge des Wertschöpfungsprozesses sind vielfältige Aufgaben zu erfüllen. In diesem Zusammenhang ist ein geeigneter Ordnungsrahmen, eine Unternehmensorganisation zu schaffen, die das Grundgerüst für das Zusammenwirken von Sachmitteln, Personen und Informationen im Beziehungsgefüge zwischen Unternehmen und Umwelt liefert. D.h. ebenfalls, dass ein Unternehmen der Gestaltung und Steuerung bedarf. Hierbei gilt es Ressourcen optimal einzusetzen und die Vorteile der Spezialisierung, der Arbeitsteilung zu nutzen. Um zu gewährleisten, dass die damit verbundenen Prozesse zielgerichtet ablaufen ist, eine entsprechende Koordination notwendig. Um die Erfüllung der Gesamtaufgabe zu erreichen, Teilaufgaben zuzuordnen, muss ein Unternehmen organisieren.

Organisation kann als die Gesamtheit aller Regelungen, die sich auf die Verteilung von Aufgaben und Kompetenzen sowie die Abwicklung von Arbeitsprozessen beziehen gesehen werden(instrumentaler Ansatz). Unter funktionaler oder prozessualer Sichtweise betrachtet Organisation das Handeln des Organisierens, d.h. das Verteilen von Aufgaben auf Organisationsmitglieder (Arbeitsteilung im Rahmen der Spezialisierung) und deren Ausrichtung auf übergeordnete Ziele (Koordination).

Die fünf Kernmerkmale einer Organisation lassen sich wie folgt beschreiben (Macharzina/Wolf (2008), S.466f.):

(1) Strukturbildung,
(2) rationales, bewusstes, zweckorientiertes Handeln,
(3) Strategieformulierung und Planung,
(4) situationsabhängige und
(5) dynamische Abhängigkeit.

Das Prinzip der Arbeitsteilung bzw. die Spezialisierung kann unterschiedlich vollzogen werden. Ein wichtiges Aufgabenfeld besteht darin, die Verbindung zwischen Aufgaben, Kompetenzen und Verantwortung herzustellen. Dies wird im Wesentlichen durch das Instrument der Koordination erreicht, das durch folgende Elemente gekennzeichnet werden kann (ebenda S.470f.):

- Strukturelle Koordinationsinstrumente (Leitungssystem),
- technokratische Koordinationsinstrumente (Regelungen und Festlegungen),

- personenorientierte Verhaltensweisen (Interaktion der Unternehmens-angehörigen).

Spezialisierung und Koordination kann man als Kernaufgaben der Organisation bezeichnen. Die formalen Strukturen und Abläufe werden durch eine bewusst gestaltete Organisation in einer fest vorgegebenen Ordnung dargestellt. Daneben gibt es jedoch (in unterschiedlichem Ausmaß) eine informelle Struktur, die geprägt wird durch:

- Arbeitsbedingungen und die zu lösende Aufgabe,
- sozialen Status der Personen wie z.B. Position in der Unternehmenshierarchie,
- menschlichen Eigenheiten wie Sympathie oder gemeinsame Interessen.

Diese informellen Beziehungen können komplementär (neben) oder substituierend (anstelle) zur formalen Organisation wirksam werden. Die Lösung der gemeinsamen Aufgabe wird also vom Verhalten der Personen oder Personengruppen beeinflusst. Die Einflussnahme bzw. Steuerung bei der multipersonalen Problemlösung erfolgt durch Führung und Management. Hierbei sind die Elemente Planung und Entscheidung (Willensbildung) sowie Aufgabenübertragung und Kontrolle (Willensdurchsetzung) die konstitutiven Elemente. Organisation und Organisieren machen an den Unternehmensgrenzen nicht halt, sie erstrecken sich ebenfalls auf die Regelungen unternehmensübergreifender Wertschöpfungsaktivitäten. Im Rahmen internationaler Geschäftsbeziehungen gewinnen hierbei zunehmende Komplexität und kulturelle Unterschiede an Bedeutung. Neben der Anpassung der strukturellen Organisationsform sind jedoch vor allem Interdependenzen als zentrale Einflussgröße (der Koordinationsform) zu berücksichtigen.

Die Forschungsschwerpunkte des Internationalen Managements betreffen im neuen Jahrtausend vor allem - im Rahmen der Formen und der Strategie der Internationalisierung - den Ausbau der Marktposition auf internationalen Märkten sowie die internationale Optimierung der Wertschöpfungskette. Bei der Implementierung der Internationalisierung steht neben dem Interkulturellen Management vor allem die Optimierung von Führungsmodellen, z.B. durch neue Kommunikationsmedien, im Vordergrund (Meckl 2010, S.34). Wie bereits in den vorherigen Abschnitten angesprochen gewinnen dadurch auch zunehmend Intra- und Interorganisationelle Netzwerke an Bedeutung. Durch zunehmende Marktunsicherheiten besteht ebenfalls eine Tendenz hin zu Netzwerkorganisationen. In diesem Zusammenhang kann man auch von der *„Verflüssigung"* organisatorischer Regelungen und Strukturen sprechen.

Eine andere Entwicklung begünstigt diese Tendenz hin in Richtung zur Bildung von Netzwerkstrukturen ebenfalls – die Modularisierung der Unternehmung (vgl. hierzu Picot/Reichwald/Wigand 2003, S. 231ff.). Basis bildet die Reorganisation der Wertschöpfungskette durch die Bildung abgeschlossener Einheiten (=Module), Segmente oder Fraktale. Eine Zunahme der Produktkomplexität geht einher mit der Koordinationsaufgabe Prozessorientierung. Die Restrukturierung der Unternehmensorganisation durch zunehmende, integrierte und kundenorientierte Prozessorientierung fördert die Modularisierung. Hintergrund dieses Ansatzes ist die Überlegung, dass die Wertschöpfungsprozesse, die in Modulen ablaufen, eine hohe Spezifität aufweisen und deshalb nicht (fallweise) am Markt abgewickelt werden. Das Prinzip der Modulbildung, das eine Zugriff auf sämtliche erforderlichen Informationen sowie eine stärkere Kommunikation unter den Modulmitarbeitern bedingt, lässt sich durch die Fortschritte in den Informations- und Kommunikationstechniken eher realisieren.

Bei der Modularisierung von Unternehmen handelt es sich um eine intra-organisationale Reorganisationsform; sie unterscheidet sich damit grundsätzlich von den neuen Organisationsformen Netzwerk bzw. virtuelles Unternehmen mit einer inter-organisationalen Perspektive. Typische Merkmale und Charakteristika von modularisierten Unternehmen bilden:

- Prozess- und Kundenorientierung,
- Integration zusammengehörender Aufgaben,
- Bildung kleiner Einheiten,
- Verlagerung der Entscheidungskompetenz und Ergebnis-verantwortung in die Module,
- Nicht-hierarchische Koordinationsformen zwischen den Modulen.

Insgesamt kann man als Realisierungsformen eine Modularisierung nach Geschäftsbereichen und Produkten, nach Kernkompetenzen oder nach Regionen und Einzelmärkten unterscheiden. Sie beinhaltet insbesondere Konfliktpotenziale auf der Ebene des Unternehmens.

(b) Multinationale Unternehmen (MNU) als Netzwerke

Die Komplexität von Multinationalen Unternehmen hat sich mit Bezug sowohl zu der Zunahme der verschiedenartigen Aktivitäten wie auch den stärker geographisch gestreuten Märkten im Zusammenhang mit der Globalisierung verstärkt. Die gesellschaftsrechtliche Struktur größerer international tätiger Unternehmen ist sehr heterogen. Unterschiede in den Charakteristiken von Tochtergesellschaften bestehen z.B. in (siehe Morschett 2007):

- Durchgeführte Wertschöpfungsaktivitäten (von einzelnen Aktivitäten wie Vertrieb bis zur vollen Wertkette);

65

- (Haupt-)Motiv für die Gründung einer ausländischen Tochtergesellschaft (von Rohstoffversorgung bis hin zur Suche nach neuen Märkten);
- verfügbare Ressourcen und Möglichkeiten der Tochtergesellschaft (z.B. Know-How);
- lokale Bedingungen (z.B. politische und ökonomische Situation);
- Grad von horizontalen und vertikalen Produkten und Kommunikationsfluss mit anderen Tochtergesellschaften und dem Hauptquartier;
- Steuerung, Kontrolle und Einfluss der Zentrale;
- Verantwortung der Tochtergesellschaft (national, regional, weltweit);
- Alter der ausländischen Tochter bzw. Zugehörigkeitsdauer zum MNU;
- Größe der Tochtergesellschaft;
- Performance der Tochtergesellschaft.

In den frühen 1980er wurde es offensichtlich, dass hierarchische Modelle der Firma die Komplexität des MNU-Management im Rahmen der zunehmenden Internationalisierung nicht beschreiben konnten. Zunehmend wurden MNU als ein Netzwerk beschrieben, z.B. als „transnationales Unternehmen" (Bartlett/Goshal 1989), das Konzept der „Heterarchie" (Hedlund 1986) oder später das „differenzierte Netzwerk" (Nohria/Goshal 1997). Das Modell des „zentralisierten Knoten (Hub)" in dem ausländische Tochtergesellschaften zu zentralen Entscheidungen implementieren und keine Autonomie besitzen, aber auch die „dezentralisierte Vereinigung" mit großer Autonomie der Tochtergesellschaften und schwacher Verbindungen innerhalb des MNU wurden im transnationalen Modell in Richtung eines „integrierten Netzwerkes" entwickelt, mit der Leitidee eines sich selbstorganisierenden Netzwerkes, eine sogenannten dezentralen Zentralisation (zu diesen Alternativen Modellen siehe z.B. Bartlett/Goshal/Beamish 2008, S. 338ff., zu internationalen Netzwerken z.B. auch Kreikebaum/Gilbert/Reinhardt 2002, S. 147ff.).

Die Herausforderungen von MUN im Zuge der Globalisierung in Form von sehr heterogenen Zusammenhängen, der Notwendigkeit von flexiblen Antworten oder der Schaffung von Synergie-Potenzialen wurde gelöst durch die Entwicklung von zentralisierten Knoten (hubs) zu integrierten Netzwerken. D.h. die Antwort lautet:

Koordination durch Integrierte Netzwerke - von Abhängigkeit und Unabhängigkeit zur Interdependenz (wechselseitigen Abhängigkeit und Verflechtung). Dieses integrierte Netzwerk ist gekennzeichnet durch breit gestreute Ressourcen und Kompetenzen sowie intensiven Austausch von Ressourcen verbunden mit komplexen Koordinations- und Kooperationsprozessen in einem Umfeld gemeinschaftlicher Entscheidungsfindung.

Mit zunehmender Komplexität zeigt sich, dass die Organisationsstruktur unzureichend ist, um ein Netzwerk zu führen. D.h. die formale Struktur muss ergänzt werden um weitere Instrumente wie Prozesse, Kommunikationskanäle oder Orte der Entscheidungsfindung. Ein wesentliches Element bildet die Koordination des MNU-Netzwerkes. Von Bedeutung sind die Abläufe im MNU-Netzwerk, einem Netzwerk der Kapital-, Produkt- und Wissens-Ströme zwischen organisatorischen den Einheiten. Diese Ströme haben verschiedene Stärken und Richtungen. In der Terminologie der Netzwerktheorie lässt sich dies darstellen mittels Knoten (nodes) und Verbindungen (linkages). Als ein Beispiel kann die Struktur eines MNU als „differenzierte Netzwerk" dienen.

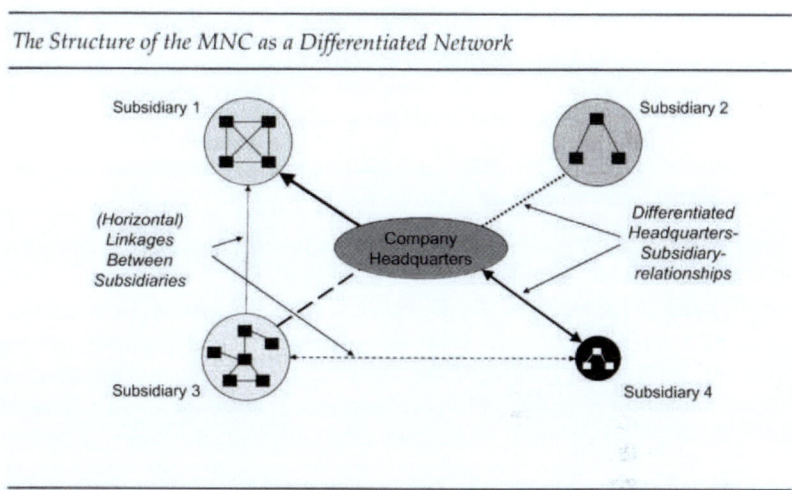

The Structure of the MNC as a Differentiated Network

Abb. 13: Struktur eines Differentiated Network; Quelle: Morschett/Schramm-Klein/Zentes 2009, S. 17 nach Nohria/Goshal 1997

Das Hauptproblem einer Koordination von MNU liegt in der Führung von heterogenen ausländischen Tochtergesellschaften. Ein Ansatzpunkt bildet den Auslandsgesellschaften strategische Rollen zuzuweisen (siehe hierzu z.B. Meckl 2010, S. 130ff. oder Morschett/Schramm-Klein/Zentes 2009, S.51ff.) Netzwerkmodelle gehen davon aus, dass spezielle Tochtergesellschaften als „Center of Excellence" bzw. Kompetenzzentren bestimmt werden und auf diesem Teilgebiet die strategische Führerschaft übernehmen. Dabei kann sich diese sowohl auf Produkte als auch auf Funktionen oder Prozesses beziehen (Frost/Birkinshaw/Ensing 2002, S. 997ff.). Die Unternehmenszentrale stellt hierbei als Netzwerk-Operator das optimale Zusammenspiel der verschiedenen Netzwerkelemente sicher.

Ausländische Tochtergesellschaften sind nicht immer im vollständigen Besitz des MNU. Darüber hinaus gibt es verschiedene Arten von Partnerschaften. Also: Nicht nur das Unternehmen ist strukturiert als Netzwerk, an Bedeutung gewinnen stabile, zueinander in Beziehung stehende Systeme zwischen verschiedenen Organisationen, d.h. eine Kombination von Intra- und Inter-organisationalen Netzwerken (siehe hierzu z.B. Schmid/ Kutschker 2003). Daraus ergibt sich eine Unterscheidung in interne und externe Netzwerke. Gerade für ausländische Tochtergesellschaften sind lokale Netzwerke von Bedeutung, d.h. die Beziehung zu Kunden, Lieferanten oder anderen lokalen Partnern. Gerade diese „Netzwerk-Ressource" erhöht nicht nur die Wettbewerbsfähigkeit auf dem lokalen Markt, sondern auch für das gesamte Unternehmensnetzwerk (Anderson/Forsgren/Holm 2002). In Summe entsteht ein Unternehmens- (intern) und Lokales- (extern) Eingebettet-Sein in ein Netzwerk. Insofern gibt es nicht einen bestimmten Typ eines MNU, sondern man kann sogar schließen, dass jedes MNU ein Netzwerk ist (Gupta/Govindarajan 2000, S.491).

(c) Länderübergreifende Interdependenzen: Geschäftsbeziehungen zwischen Markt und Hierarchie

Interdependenzen zwischen den in verschiedenen Ländern operierenden Unternehmensteilen bilden eine Quelle der potenziellen Wettbewerbsvorteile internationaler Unternehmen. Sie sind jedoch auch Spezifikum international tätiger Unternehmen in Form der Gestaltung und Nutzung materieller, informationeller und finanzieller Interdependenzen zwischen Unternehmensteilen, die in unterschiedlichen wirtschaftlichen rechtlichen und sozio-kulturellen Umweltsystemen agieren. Im Vergleich zum nationalen Unternehmen lassen sich Skaleneffekte z.B. durch Arbitragestrategien (Ausnutzung von Länderdifferenzen) und Druckstrategien (Ausnutzung von Machtpotenzialen wie im Wege des Cross-Subsidizing). In Summe ergeben sich aus der Präsenz in mehreren Ländern Verbundvorteile (Economies of Scope). Diesen Sachverhalt kann man mit dem Netzwerk-Paradigma beschreiben (hierzu und zum Folgenden speziell Macharzina/Wolf 2008, S.944ff.).

Charakteristisch für eine derartige Netzwerkstruktur ist hierbei das gedachte Vorliegen von Austauschbeziehungen und –prozessen zwischen möglicherweise weltweit gestreuten Unternehmen(-steilen) zur Erschließung der potentiellen Vorteile. Hierbei kann man folgende Vorgehensweise verwenden:

- „Sensing", d.h. das Finden und Erschließen von weltweit verstreuten Kompetenzen, Technologieneuerungen und Wissen über Pioniermärkte;
- „Mobilizing", d.h. Nutzung der nicht unbedingt bin gleicher Weise verteilten Fähigkeiten;

- „Operations", d.h. Optimierung der internationalen Konfiguration der Wertschöpfung nach Kriterien wie Effizienz und Flexibilität.

Diese Vorgehensweise lässt sich besonders in Form von internen Netzwerken, also über Hierarchie erreichen. Im Zeitalter der Wissensgesellschaft kann man diesem Vorgehjen eine tragende Rolle zuweisen (Doz/Santos/Williamson 2001), auch wenn sich empirisch zeigt, dass viele Unternehmen diese Maßnahmen noch nicht vollzogen haben (vgl. Kutschker/Schurig (2002). Zunehmend stehen internationale Unternehmen in einem engen Austauschverhältnis zu dem umgebenden Umfeldsystem. Unternehmen sehen die Interaktion zu anderen Marktteilnehmer inzwischen nicht mehr als Bedrohung wahr (wie Porter in seiner Branchenstrukturanalyse der Five Forces – siehe S. 17 - vermutete), sondern nutzen sie inzwischen zur Kooperation (Five Partners-Modell, siehe Rugman/D'Cruz 2000). Ähnlich dem japanischen Keiretsu oder dem koreanischen Chaebol scharen auch einige westliche Unternehmen (Flagship Firms) eine begrenzte Zahl wichtiger Zulieferer (Key Suppliers), Kunden (Key Customers)oder Allianzpartner (Key Competitors) um sich. Damit eröffnen sich neue Varianten zwischen Markt und Hierarchie.

Die Beantwortung der Frage, ob die ausländische Wertschöpfung über eine Kooperation (z.B. Managementkontrakt, Franchising, Lizenz, Joint Venture) oder mittels Hierarchie (z.B. Tochtergesellschaft) erreicht werden soll, hängt von sehr vielen Faktoren ab (Morschett/Schramm-Klein/Swoboda 2008 S. 509ff.). Man kann folgende Aussagen treffen:

Die Wahrscheinlichkeit einer Tochtergesellschaft (gegenüber einer Kooperation) steigt mit

- der Anzahl der Beschäftigten des MNU,
- der Erfahrung des MNU im Gastland,
- der Werbeintensität des MNU,
- und wenn die Exportintensität des MNU hoch ist.

Dagegen wird eine Kooperation vorgezogen, wenn

- das Länderrisiko groß ist,
- die gesetzlichen Beschränkungen im Gastland hoch sind,
- das Marktvolumen im Auslandsmarkt groß ist,
- der Ressourceneinsatz für die Auslandsaktivität hoch ist (oft haben die Unternehmen des Gastlandes „first mover"- Vorteile),
- das Tochterunternehmen in einem Geschäftsfeld tätig ist, das in keiner engen Relation zum Geschäft der Muttergesellschaft steht – dies führt zu einem externen Partner für dieses Tochterunternehmen.

Die formale Struktur der kooperativen Vereinbarung kann dabei verschiedene Formen annehmen, z.B.

- nicht-vertragliche Zusammenarbeit (ad hoc, informelle bzw. kooperative Beziehung),
- vertragliche Beziehungen (Managementverträge, Lizenzen, Franchise),
- Beteiligungs-Allianzen.

Die Organisation internationaler Geschäftsbeziehungen soll in den nächsten Abschnitten unter dem Aspekt Kooperativer Vereinbarungen (Allianzstrategien) und danach unter dem speziellen Fokus von Netzwerken als Organisationsmodell erörtert werden.

4.2 Kooperative Vereinbarungen - Allianzstrategien

(a) Kennzeichen von Kooperationen

Zwischenbetriebliche Kooperationen lassen sich in nahezu allen Unternehmensbereichen beobachten, wobei die individuelle Ausgestaltung der Rahmenbedingungen und die damit verbunden hybride Organisationsstruktur ein breit gefächertes Spektrum von Kooperationsformen ermöglicht. Löst man sich von einer vorwiegend dyadisch orientierten Betrachtungsperspektive und geht über zu komplexeren Strukturen zwischenbetrieblicher Kooperationen, so gelangt man zu Unternehmensnetzwerken. Unternehmenskooperationen umfassen in der Praxis ein breites Spektrum verschiedenartiger Erscheinungs- und Ausprägungs-formen, so dass ein fließender Übergang zwischen Allianzstrategien und Netzwerkstrukturen existiert. Hier erweist sich neben der Anzahl der interagierenden Akteure vor allem die Bindungsstruktur als ein wichtiges Unterscheidungskriterium (zu Netzwerken und zum Netzwerkmanagement siehe Abschnitt 4.3.).

Unter Kooperation versteht man eine Zusammenarbeit zwischen mindestens zwei rechtlich (und wirtschaftlich zumindest partiell) selbständigen Unternehmen zur gemeinsamen Durchführung von Aufgaben (Kutschker/Schmid 2011 S. 885). Hintergrund der Kooperation ist der Glaube, Ziele gemeinsam besser als alleine erreichen zu können, z.B. Erträge steigern, Risiken mindern, Zugang zu Ressourcen zu erhalten. Die Grundformen von zwischenbetrieblichen Kooperationen reichen von kooperativen Arrangements, Partnerschaften oder Koalitionen bis hin zu rechtlich eigenständigen Ausprägungsformen. Populär geworden sind vor allem Joint Ventures und Strategische Allianzen. (siehe u.a. Gemünden/Ritter/Walter 1997, Pausenberger/Nöcker 2000, Contractor/Lorange 2002, Mayrhofer 2002, Perlitz 2002, Sell 2002, Chen/Chen 2003).

Insgesamt ist der Begriff Kooperation weit gefasst und wird unterschiedlich verwendet. Es lassen sich jedoch trotz der verschiedenartigen Interpretation drei konstituierende Merkmale für Allianzstrategien von Unternehmen identifizieren (siehe hierzu Welge/Al-Laham 2012, S.669 oder Wittenberg 2006, S. 14f.):

- Die Kooperationspartner verfolgen gemeinsame Motive oder Zwecke,
- sie sind sowohl rechtlich als auch wirtschaftlich weitgehend unabhängig voneinander und
- sie haben komplementäre bzw. partiell übereinstimmende Zielsetzungen, deren Umsetzung eine adäquate Koordination verschiedener Unternehmensfunktionen erfordert.

Welche Gründe gibt es nun für die Existenz von Kooperationen auf Basis theoretischer Überlegungen? Die Aussage des Transkostenansatzes lautet: Kooperationen werden dann geschlossen, wenn sowohl marktliche als auch hierarchische Transaktionsformen Nachteile aufweisen. Mit Bezug zu diesen transaktionstheoretischen Überlegungen (siehe S. 7ff.) kann man die Kooperationsformen entlang eines Kontinuums zwischen Markt und Hierarchie anordnen wie es in Abbildung14 dargestellt ist.

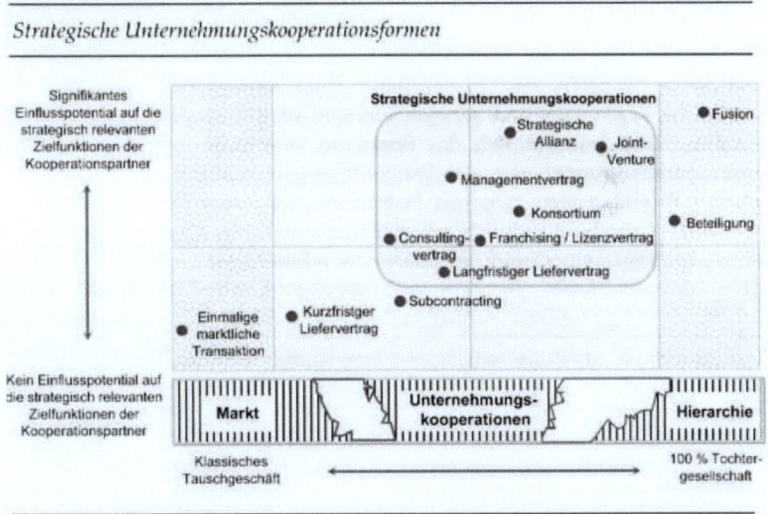

Abb. 14: (Strategische) Unternehmenskooperationsformen;   Quelle: Welge/Al-Laham 2012, S.670

Die Zusammenarbeit im Zuge von Unternehmenskooperationen basiert auf relationalen Verträgen, die mit Bezug zu einem (bzw. mehreren) klar definierten

71

Betätigungsfeldern komplementäre Ressourcen bündeln, gemeinschaftliche Aufgaben erfüllen und Handlungen koordinieren.

Hierzu gehören langfristige Lieferverträge, bei denen es sich um uni-direktionale zwischenbetriebliche Abkommen handelt (Gulati 1995). Es werden sowohl komplexe Baugruppen als auch einzelnen wesentliche Materialien von ausgewählten Zulieferern beschafft, wobei hier eine langfristig orientierte, enge Zusammenarbeit gepflegt wird. Diese beginnt unter Umständen schon in der Entwicklungsphase, z.B. der Austausch von Konstruktions-zeichnungen. Hierzu zählen aber z.B. auch gegenseitige Abstimmungen logistischer Prozesse wie Just-in-Time-Lieferungen.

Eine andere Variante besteht darin, eine Konzentration auf die strategisch relevanten Kernkompetenzen vorzunehmen. In diesen Fall werden (im Rahmen des sog. Subcontracting) bestimmte nicht als Kerngeschäft betrachtete Aktivitäten, Arbeitsinhalte oder ganze Geschäftsbereiche in Form des Outsourcing an Subunternehmer gegeben. Sie werden also aus der Hierarchiestruktur des Unternehmens herausgelöst und über eine alternative (hier hybride) Struktur abgewickelt. Auch hier kooperieren die Unternehmen durch eine langfristig bindende vertragliche Regelung.

Lizenzabkommen und Franchiseverträge regeln eine längerfristige Zusammenarbeit im Vertriebs- und Absatzbereich (siehe hierzu die Ausführungen in Abschnitt 3.3.). Kooperationen in Form von Konsortien werden dagegen vorwiegend zur Abwicklung von Großprojekten gebildet, die aufgrund ihrer Komplexität und des Umfanges aber auch wegen des damit verbundenen Risikos nicht von einem einzelnen Unternehmen bewältigt werden können.

Auch bei Managementverträgen geht es zumeist um die Bearbeitung projektbezogenen Aufgaben und Lösung von Problemkomplexen sowie um die zeitlich begrenzte, (entgeltliche) Nutzung von externem Know-How. Enger ist die Bindung bei einer Strategischen Allianz (siehe Punkt (b) S.74) sowie einem Joint-Venture, eine von den Partnern ins Leben gerufene Gemeinschaftsunternehmung.

Bei der Kooperation ist vor allem die Interaktion der Partner zu berücksichtigen, die im Prozess beteiligten Akteure in ihrem Gruppengefüge. Es geht um die Verflechtung der beteiligten Personen mit den jeweiligen Organisationen, die sich z.B. in dyadisch-organisationalen Interaktionsansätzen darstellen lassen. So beschreibt Gemünden 1980 den Interaktionsprozess zwischen Anbieter und Nachfrage, wobei er die gesamte Interaktion in diesem Prozess in die Teilbereiche Problemlösungsinteraktion und Konflikthandhabungsinteraktion aufteilt. Den zentralen Ansatz der dyadisch-organisationalen Ansätze stellt das Interaktionsmodell der IMP-Group (Industrial Marketing and Purchasing Group,

Hakanson 1982) dar mit seinen drei Sphären Umwelt (wie Marktstruktur, Dynamik, Kultur), Atmosphäre (wie Macht, Abhängigkeit, Nähe, Erwartungen) und Interaktionsprozess (kurzfristig Information, langfristig Institutionalisierung von Beziehungen. Dieses Modell beruht auf der Prämisse langfristiger Geschäftsbeziehungen in die der Prozess eingebettet ist. Multiorganisationale Ansätze gehen von komplexen Entscheidungen und der Beteiligung weitere Organisationen aus. Unter diesem Aspekt wurde der dyadische Ansatz zu Netzwerkansätzen weiterentwickelt (Anderson/Hakansson/ Johansson 1994). Unter der langfristigen Geschäftsperspektive stellt der Geschäftsbeziehungsansatz insbesondere mit den Motiven der Beziehungen. Hier kann man vier Phasen betrachten (vgl. Cann 1998, Dwyer/Schurr/Oh 1987, S. 21):

- Awareness (Bewusstsein),
- Exploration (Erkundung),
- Expansion (Ausweitung),
- Commitments (Bindung).

Eine Betrachtung der Geschäftsbeziehungen aus dem Prozessgesichtspunkt zeigt, dass im Zeitverlauf der gegenseitige Nutzen aus der Geschäftsbeziehung für beide Seiten steigen wird.

Wie verhalten sich nun die Kooperationspartner zueinander? Von welchen Bedingungen hängt die Stabilität von Kooperationen ab? – Hierzu liefern die Spieltheorie und die Principal-Agententheorie Aussagen.

Unter welchen Bedingungen kann eine Unternehmung in einer Kooperation Know-how des Partners internalisieren? Wie kann sie ihr eigenes Know-how vor Diffusion schützen? Die Aussage der Theorie des organisationalen Lernens lautet dazu: Die Kooperation wird in erster Linie als ein Instrument betrachtet, mit dessen Hilfe man Zugriff auf das in der Partnerunternehmung gespeicherte Know-How nehmen kann. Der Erfolg einer Kooperation hängt danach ab von einem Gleichgewicht der Partner bezüglich Lernentschlossenheit, Transparenz und Lernbereitschaft.

Meist basieren Partnerschaften wie Lizenzen, Franchising auf einem Machtgefälle. Zwar können auch beim Joint Venture und der Strategischen Allianz Über- und Unterordnungen sowie ein eindeutiges Machtgefälle nicht ausgeschlossen werden, aber sie sind nicht konstitutiv. Es geht eher um eine Zusammenarbeit gleichberechtigter, wenn auch unterschiedlicher Partner.

Generell hängt der Erfolg von Kooperationen von den Zielen der Beteiligten ab. Insbesondere werden jedoch explizit auch genannt (Kutschker/Schmid 2011 S.886):

- Die eigenen Stärken und Schwächen und diejenigen des/der Partner kennen,
- In beiderseitigen bzw. wechselseitigen Vorteilen denken und somit eine „win-win-Situation" schaffen,
- Sorgfalt bei der Auswahl der Partner walten lassen,
- Kommunikation fördern,
- Durch Konflikt lernen,
- Konsens suchen,
- Flexibilität zeigen und
- Gelassenheit und Geduld üben.

(b) Strategische Allianzen / strategische Netzwerke

In direktem Zusammenhang mit der Konzentration auf Kernkompetenzen ist eine weitere Entwicklung im Bereich der Gesamtunternehmensstrategien zu sehen. Die Nachteile, die sich aus dem Rückzug aus Teilen der Wertschöpfungskette bei Kompetenzorientierung ergeben, nämlich die Aufgabe einer die gesamte Fertigungstiefe umfassenden Leistungserstellung, lassen sich durch langfristige Bindung an einen Partner wieder aufwiegen, wenn dieser über komplementäre Kompetenzen verfügt. Kooperationen dieser Art werden als Strategische Allianzen bezeichnet; sie werden als Kooperationen unter Wettbewerbern definiert (Dowling/Lechner 1998, Hungenberg 1999).

Eine Strategische Allianz ist eine Vereinigung bzw. eine strategische Partnerschaft von mindestens zwei, häufig jedoch mehreren Unternehmen; die Partner beschließen in einem genau definierten Bereich zu kooperieren, um strategisch signifikante Ziele zu erreichen, die wechselseitig vorteilhaft sind (Kotabe/Helsen 2010, S. 315). Die zwischenbetriebliche Zusammenarbeit konzentriert sich auf ausgewählte Kernbetätigungsfelder, einen beschränkten, abgegrenzten Teilbereich, ohne dabei rechtlich selbständige Organisationseinheiten (wie z.B. Joint Venture) zu schaffen. Man kann daher eine strategische Allianz als Kooperation im engeren Sinne verstehen. Strategische Allianzen kommen in allen Facetten vor, von einer einfachen Lizenzvereinbarung bis hin zu einem dichten Netz von Verbindungen. Strategische Allianzen werden – noch stärker als Joint Ventures – unter dem Schlagwort „Netzwerke" diskutiert. Nach unserem Verständnis wird dabei auf eine Gemeinschaftsunternehmung sowie eine wechselseitige Kapitalbeteiligung verzichtet wird.

Der strategische Charakter dieser Form der Unternehmenskooperation spiegelt sich (neben der Fristigkeit) vor allem in der Relevanz des Vorhaben und damit der inhaltlichen Ausprägung. Die Zusammenarbeit sollte einen (oder mehrere) strategisch relevante Kernbereiche der beteiligten Unternehmen signifikant beeinflussen können.

74

Im Gegensatz zur Fusion bleibt bei der Strategischen Allianz die rechtliche Selbständigkeit der Partner erhalten, Dauer und Reichweite der Kooperation sind Gegenstand einer mehr oder weniger bindenden Vereinbarung zwischen den Allianzpartnern.

Die Unternehmen einer solchen Allianz können z.B. in der Form von Joint Ventures oder Lizenz-, Technologie- sowie Managementverträgen miteinander verbunden sein.

Sind wesentlich mehr als zwei Partner an einer Strategischen Allianz beteiligt, spricht man auch von Strategischen Netzwerken, im Fall besonders flexibler Bindungen von virtuellen Organisationen (Miles/Snow 1992 Thorelli 1986, Jarillo 1993, Oliver/Ebers 1998, Gemünden/Ritter 1998, Wald 2003).

Als Motive kann man nennen:

- Konzentration auf spezifische Fähigkeiten,
- gegenseitige Ergänzung der Stärken in der Leistungserstellung,
- Zugang zu Märkten, in den es noch keine fundierten (wohl aber der Partner) Erfahrungen hat,
- Stückkostendegressionseffekte,
- geringe Fixkosten durch Verbund,
- Zugriff auf knappe materielle, finanzielle und personelle Ressourcen,
- Risikoausgleich F&E (steigende F&E-Kosten, kürzerer Produktlebenszyklus),
- Einzelverantwortlichkeit bleibt (im Gegensatz zu M&A) erhalten,
- Reduzierung der Transaktionskosten (Längerfristigkeit der Beziehung) – mit der Dauer steigt auch das Vertrauen der Partner.

Speziell jüngere Studien zeigen den signifikanten Einfluss interorganisationaler Strategischer Allianzen auf organisationale Lernprozesse (Welge/Al-Laham 2012 S. 676).

Nicht nur (komplementäre) Ziel- bzw. Motivstrukturen zwischen den Kooperationspartner sind von Bedeutung, sondern auch das Vertrauen und die sozialen Beziehungen zwischen den Unternehmen bestimmen letztlich die Art der Kooperationsform. Dies gilt umso mehr, je individueller und personenorientierter ein Unternehmen geführt wird, z.B. Familienunternehmen oder auch Mittelständische Unternehmen.

Allerdings sind mit Strategischen Allianzen auch Schwierigkeiten verbunden.

Als Nachteile und Probleme treten auf (Kutschker/Schmid 2011 S.901f.):

- Zunächst müssen sie den Anforderungen des Wettbewerbs- und Kartellrechts genügen und von den entsprechenden Behörden genehmigt werden.
- Es kommt zu Wissensaustausch bzw. Wissensabflüssen; einzelne Partner können mehr Wissen aufnehmen als sie abgeben und der Folge von aufkommender Unzufriedenheit.
- Strategische Allianzen setzen ein hohes Maß an Vertrauen zwischen den Partner voraus – allerdings kann zu viel Vertrauen (speziell in der Startphase) ebenso fatal sein wie zu wenig Vertrauen im Verlaufe der Strategischen Allianz.
- Es muss die notwendige Balance zwischen Kooperation und Konkurrenz geschaffen werden, denn eine Strategische Allianz ist immer noch ein Zusammenschluss von Wettbewerbern.
- Sie verlangen einen hohen Abstimmungsbedarf zwischen den einzelnen Mitgliedern.
- Die Allianz darf nicht (permanent) von einem oder mehreren Partner in Frage gestellt werden, die beteiligten Partner müssen Commitment zeigen.
- Auch werden unterschiedliche Managementfähigkeiten in verschiedene Stadien (ihres Lebenszyklus)verlangt; gerade bei Abschluss und Aufbau sind andere Fähigkeiten gefragt als im eingeschwungenen Zustand
- Problematisch ist auch hier (genau wie beim Joint Venture) die Erfolgsmessung und Erfolgszurechnung, vor allem weil die Partner nicht zwingend identische Motive haben, evtl. auch unterschiedliche Maßstäbe zur Beurteilung des Erfolges (der Allianz) heranziehen.
- Trotz aller Flexibilität kann die falsche Partnerwahl zu erheblichen Problemen führen; gerade die richtige Partnerwahl ist für ein Allianznetzwerk von immenser Bedeutung.

Als Erfolgsfaktoren kann man nennen:

- Auswahl des adäquaten Partners,
- Zeitpunkt der Bildung der Kooperationen,
- Ausgliederbarkeit bzw. Integrierbarkeit von Unternehmensaktivitäten,
- klare Ausrichtung an transparent gemachten Kooperationszielen,
- ausgewogenes Anreizsystem,
- positiver persönliche Einstellung der Partner,
- Sorgfalt bei der Vorbereitung und Gründung,
- Gesamtoptimierung des Gesamtspektrums der strategischen Allianz.

Die erfolgreiche Verfolgung einer Allianzstrategie setzt einen geeigneten organisatorischen Rahmen voraus. Im Kontext strategischer Allianzen bzw. auch eines Netzwerkes bauen zwei oder mehr grundsätzlich selbständige Unternehmen langfristige Beziehungen auf (Thorelli 1986). Sie bilden damit eine Koordinationsform zwischen marktlicher und hierarchischer Lösung.

Merkmale eines Grundmusters, die eine strategische Zusammenarbeit bzw. Struktur bestimmen, charakterisieren sich nach folgenden Kriterien (siehe Miles/Snow 1992, S.64f.):

- Arbeitsteilung zwischen den beteiligten,
- Zentrale Bedeutung von Brokern,
- Aktivitätenkoordination über Marktmechanismen und Pläne,
- Netzwerkweites Informationssystem.

Je mehr Partner hierbei involviert sind, desto eher bietet sich als organisatorische Lösung vor allem die Netzwerkorganisation an (siehe dazu das nächste Kapitel), diese ist jedoch in mehrerlei Hinsicht auf die Sonderkonstellation der rechtlichen Unabhängigkeit der Allianzpartner anzupassen.

Aus diesen Merkmalen lassen sich organisatorische Hinweise bzgl. der Selektion von Allianzpartnern, der Bestandteile des Kooperationsvertrages, der Ausgestaltung der Kooperationsbeziehungen sowie der Pflege und Weiterentwicklung der strategischen Allianz ableiten:

- Selektion von Allianzpartner
- Inhalte des Kooperationsvertrages
- Ausgestaltung der Kooperationsbeziehungen
- Pflege und Weiterentwicklung

Um von einem *strategischen Netzwerk* zu sprechen muss die die Struktur über einfache hybride Beziehungen hinausgehen, d.h. es müssen mehr als drei Partner beteiligt sein. Sie werden in der Regel von einer Einheit, dem fokalen Unternehmen, strategisch geführt (Jarillo 1988, Sydow 1992). Die fokale Unternehmung definiert mehr als die anderen am Netzwerk beteiligten den zu bearbeitenden Markt, die dazu heranzuziehenden Strategien und Technologien sowie die Ausgestaltung der Netzwerkorganisation.

Beispiele für strategische Netzwerke finden sich etwa in der Automobilindustrie, wo sie im Wesentlichen durch die Automobilhersteller nach dem Vorbild japanischer Keiretsu geschaffen werden. Beispiele lassen sich aber auch in noch vergleichsweise jungen Industrien wie der Mikroelektronik und der Biotechnologie verorten. Außer im produzierenden Gewerbe, wo Unternehmungsnetzwerke, wie im Falle von Nike oder Marks & Spencer, oft von „manufacturers without factories" geführt werden, finden sich strategische Netzwerke immer häufiger auch im Dienstleistungssektor (vgl. dazu sowie auch zu den folgenden Beispielen Sydow 1992, S. 19 ff. sowie die dort angegebene Literatur).

(c) Neuere Entwicklungen: Das Koopetitionsmodell (Coopetition)

Allianzen oder auch Netzwerke sind als intermediäre Organisationsform zwischen Markt und Hierarchie zu betrachten. Für sie sind in diesem Zusammenhang komplex-reziproke Beziehungen mit eher kooperativen denn kompetitiven Komponenten charakteristisch bzw. konstitutiv. In Allianzen bzw. Netzwerken werden damit zunehmend kompetitive Elemente durch kooperative Elemente ersetzt. Dies gilt aber nur teilweise, denn es zeigt sich, dass auch in Allianzen und Netzwerken die kooperativen Elemente die kompetitiven Elemente nicht völlig verschwinden lassen. Die gleichzeitige Existenz von Wettbewerb („competition") und Kooperation („cooperation") wird auch mit dem Schlagwort der „Coopetition" versehen (Dowling/Lechner 1998, S. 86, Luo 2007 – mit Bezug Spieltheorie Nalebuff/Brandenburger 1996, v.a. S.23-51). Kooperations-wettbewerb bezeichnet die Dualität von Konkurrenz und Kooperation auf den Märkten. In dem Analyserahmen für den Wettbewerb einer Branche bieten Porters „five-forces" bzw. die Weiterführung zu den „five-sources" (siehe die Ausführungen in Abschnitt 3.1) einen guten Anhaltspunkt.

Unter dem Aspekt der Spieltheorie kann man Unternehmenskooperationen mit Wettbewerbern als strategische Option zur Verbesserung der eigenen Position im Wettbewerb verstehen. Hierbei sind vier Typen von Spieler relevant:

(1) Lieferanten,
(2) Kunden,
(3) Konkurrenten und
(4) Komplementoren(Unternehmen, die Marktleistungen anbieten, die das eigene Leistungsprogramm zu ergänzen vermögen).

Die Idee hinter dem Konzept der Komplementoren: Viele Kunden schätzen Marktleistungen höher ein, wenn sie zugleich auch dazu passende Marktleistungen eines anderen Unternehmens erwerben. Hierbei kann man Komplementoren aus Kunden- und aus Lieferantensicht definieren(z.B. im Fall McDonalds wäre es Coca Cola).

Basierend auf diesen Gedanken wird die spezifische Einbindung des betrachteten Unternehmens in das Gefüge von Lieferanten, Kunden, Konkurrenten und Komplementoren als Wertnetz (value net) bezeichnet. Das Wertnetz stellt also die Gesamtheit der Beziehungen zwischen den Marktteilnehmern dar. Hier können sich z.B. komplementäre Beziehungen ergeben, wenn durch die Konzentration der Wettbewerber eine kritische Masse (sowohl für Lieferanten als auch für Kunden) geschaffen wird. D.h. die einzelnen Anbieter ergänzen sich bei der Schaffung des Marktes, bei der Aufteilung konkurrieren sie dann (z.B. im Fall der Unterhaltungsanbieter auf dem Broadway oder Las Vegas).

Die Beachtung (von komplementären) Beziehungen erlaubt für das Unternehmen die Bestimmung des Wertes im Wertnetz. Da man in der Regel nicht mehr aus dem Wertnetz gewinnen kann als man ins Netz einbringt, bestehen Handlungsoptionen vor allem darin Möglichkeiten zu identifizieren, wie das Unternehmen den Wert des gesamten Netzes vergrößern kann.

Die Analyse kann auf Basis des PARTS-Modells erfolgen (Nalebuff/Brandenburger 1996):

- **P**layers (Spieler), z.B. wen würde man gerne einbeziehen bzw. ausschließen oder welche Möglichkeiten gibt es für Kooperation (win-win);
- **A**dded Value (zusätzlicher Wert), z.B. welchen zusätzlichen Wert bringen andere ein oder wie kann man den eigenen Wert erhöhen;
- **R**ules (Regeln), z.B. welche wären ideal oder welche lassen sich ändern;
- **T**actics (Taktik), z.B. wie werden die Regeln wahrgenommen oder welche Wahrnehmungen sollten verändert werden;
- **S**cope (Bezugsrahmen), z.B. wodurch sind die Grenzen bestimmt oder sollten die Grenzen verändert werden.

Als strategischen Ansatzpunkt sollten sich Unternehmen um eine für sie vorteilhafte Veränderung der Zusammensetzung der Wettbewerber im Wertnetz bemühen. D.h. entsprechend dem Koopetitionsmodell sollten Unternehmen innerhalb ihrer Märkte gezielt nach Kooperationspartner für Allianzen Ausschau halten.

Einen Sonderfall bedeutet die gezielte Kooperation auf der gleichen Wertschöpfungsstufe (horizontale Kooperation), z.B. Forschung und Entwicklung oder Produktion, während die Kooperationspartner auf dem Markt für das Endprodukt als eigenständige Wettbewerber verbleiben und konkurrieren.

Ein neues Verhaltensmodell im Sinne einer coopetiven Koordinationsstrategie führen Lado/Boyd/Hanlon 1997 ein. Sie führen die zwei Dimensionen „cooperative orientation" und „competitive orientation" ein und erhalten so eine Vier-Felder-Matrix (Syncretic Model of Rent-Seeking Strategic Behavior - siehe Abbildung 15).

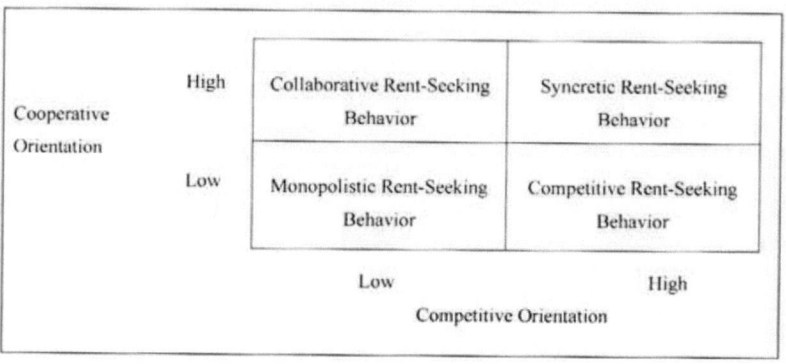

Abb. 15: Syncretic Model of Trent-Seeking Strategic Behavior; Quelle: Lado/ Boyd/Hanlom 1997, S. 119

Unter dem Gesichtspunkt der Coopetition ist synkretistisches Verhalten zur Erhöhung der ökonomischen Rente (syncretic rent-seeking behavior - Synkretismus ist ursprünglich die Vermischung religiöser Ideen oder Philosophien zu einem neuen System oder Weltbild) eine Strategie, ein dynamisches Gleichgewicht zu erzielen. So wird durch das Teilen von Kompetenzen und die Aufteilung von Kosten (Reduzierung der eigenen) und Risiken die eigene Position gestärkt. Gleichzeitig kann von zusätzlichem Wissen profitiert werden. Allerdings setzt diese Strategie voraus, dass die Verfügungsrechte gut geregelt und geschützt sind, damit sich ein positives Resultat ergibt.

Als Koordinationsbegriff wird Coopetition ebenfalls aufgegriffen von Bengtsson/Kock 2000 in einer explorativen Studie zur Koordination von Netzwerken. In den verschiedenen Interaktionstheorien liegt der Schwerpunkt entweder auf dem wettbewerblichen Aspekt oder aber auf Kooperation. Sie sehen eine Kombination der beiden Strategien und gelangen so zu (mindestens) drei unterschiedlichen Typen:

- kooperationsdominierte Beziehung,
- gleiche Beziehung – Kooperation und Wettbewerb sind gleich verteilt,
- wettbewerbsdominierte Beziehung.

Im Ergebnis kommen sie zu dem Schluss, dass Wettbewerb häufiger in Bereichen auftritt, die näher beim Kunden liegen. Vorstufen, von Kunden entfernte Aktivitäten weisen demgegenüber häufig kooperative Züge auf. Die verschiedenen Strategien können im Unternehmen klar getrennt sein, benötigen jedoch eine Instanz, die koordiniert und kontrolliert. Dies führt uns allgemein zum Management von Netzwerken, das im nächsten Kapitel behandelt wird.

4.3 Netzwerke und Netzwerkmanagement

(a) Kennzeichen und Grundtypen von Unternehmensnetzwerken

Wie im vorigen Abschnitt dargestellt sind die Grenzen der Unternehmung sind zunehmend schwierig zu fassen. Viele sehen das Netzwerk als Organisationsmodell der Zukunft. Allgemein kann man bei der Darstellung von Netzwerkstrukturen unterscheiden in:

Intra-organisationale Netzwerkstrukturen,

d.h. Strukturen innerhalb der Unternehmung wie die transnationale Organisation (zu den Konzepten siehe neben Hedlund/Kogut 1993, Pralahad/Doz 1987 sowie White/Poynter 1990 und vor allem Bartlett/Ghoshal 1989) und

Inter-organisationale Netzwerkstrukturen,

d.h. Strukturen, die über die Grenzen der Unternehmung hinaus reichen.

Hier geht es um langfristige Beziehungen, die über dyadische Strukturen hinausgehen zwischen von mehr als drei (meist rechtlich) selbständigen unabhängigen Unternehmen, die einen Teil dieser Eigenständigkeit aufgeben, um mit anderen zu kooperieren (dyadische Strukturen bzw. Beziehungen innerhalb einer Triade werden hier unter dem Begriff strategische Allianz behandelt – siehe auch Abschnitt 4.2. – die Übergänge sind allerdings fließend.

Netzwerke entstehen über zwei Grundmechanismen und zwar durch eine partielle Ausgliederung betrieblicher Funktionen (*Quasi-Externalisierung)* oder durch eine partielle Integration externer Funktionen*(Quasi-Internalisierung)* – siehe hierzu auch Sydow 1995.

Bei der Quasi-Externalisierung zielen die Unternehmen auf eine Verringerung ihrer Leistungstiefe oder Leistungsbreite. Sie gliedern bestimmte Funktionen, Prozesse oder Bereiche ganz aus. So werden z.B. hierarchisch eingegliederte Unternehmensteile zu rechtlich unabhängigen Unternehmungen (Tendenz zum Outsourcing). Im Ergebnis entstehen kleinere Unternehmenseinheiten mit entsprechender Spezialisierung. Sie sind zwar unabhängig, operieren aber über Kooperationsbeziehungen miteinander. Dieser Ansatz zielt auf eine Lockerung oder gar Aufhebung hierarchischer Über- und Unterordnungen.

Im Rahmen der Quasi-Internalisierung werden Beziehungen mit neuen Kooperationspartnern eingegangen und eine Zusammenarbeit von bisher rechtlich selbständigen Unternehmen angestrebt. Durch die Netzwerkbeziehungen soll eine vollständige Integration durch hierarchische Über- oder Unterordnung vermieden werden.

Die Kooperationsformen reichen von langfristigen Lieferverträgen und Wertschöpfungspartnerschaften über Franchisesystemen bis hin zu Joint Ventures. Oft wird ein Unternehmensnetzwerk von einer fokalen Unternehmung strategisch geführt. Nach Jarillo 1988 kann man in diesen Fällen von einem strategischen Netzwerk sprechen.

Unter einem anderen Blickwinkel kann man Netzwerke Branchenstrukturen betrachten, deren Netzwerkbeziehungen Mobilitätsbarrieren (Gruppeneintritts- und –austrittsschrankengen für strategische Gruppen) oder als Markteintrittsbarrieren generieren.

Man kann Netzwerke interpretieren als intermediäre Organisationsform zwischen Markt und Hierarchie, für die komplex-reziproke Beziehungen mit eher kooperativen denn kompetitiven Komponenten konstitutiv sind. In Netzwerken werden damit kompetitive Elemente durch kooperative Elemente zunehmend ersetzt – aber nur teilweise, denn es zeigt sich, dass auch in Netzwerken die kooperativen Elemente die kompetitiven Elemente nicht völlig verschwinden lassen (siehe auch die Ausführungen zu Coopetition im vorherigen Abschnitt). Zu beachten sind besonders die Kosten der Vertragsgestaltung und der Koordination. Zu berücksichtigen ist ebenfalls der Zusammenhang von Netzwerkdynamik und ökonomischem Ergebnis.

Wenn man das Netzwerkmanagement betrachtet, dann kann man zwischen folgenden Organisationsmodellen unterscheiden:

- „centralized hub" in Form einer sternförmigen Anordnung mit einem Zentrum als „hub";
- „decentralized federation", von vielen unabhängigen Teilnehmern, die von einer Organisationseinheit koordiniert werden welche lediglich begrenzte Entscheidungsmacht besitzt;
- „integrated network" mit organisatorischer und leistungs- bzw. ergebnisbezogener Unabhängigkeit.

Netzwerke bilden einen wichtigen neuen Ansatzpunkt zur Beurteilung von Unternehmen. Das Netzwerk eines Unternehmens erlaubt Zugriff zu Schlüsselressourcen seiner Umwelt wie Information, Güter, Kapital, Dienstleistung oder Zugang. So kann ein Unternehmensnetzwerk nicht ersetzbare und nicht imitierbare Werte schaffen. Auf der anderen Seite besteht das Potenzial eines Unternehmensnetzwerkes in der Generierung von Eintrittsbarrieren in das Netz bzw. die Branche. Gulati 1999 bezeichnet dies als „network resources". Die Kernidee besteht darin, dass das strukturelle Muster der Beziehungen eines Unternehmens einzig ist und das Potenzial für Wettbewerbsvorteile gewährt. Man kann – in Anlehnung an das RCP-Paradigma - die Netzwerkstruktur als eine Ressource betrachten (Gulati/Nohria/Zaheer 2000, S.207). Und zwar

- "Network membership as a resource",
- "Tiemodality (Art und Weise der Beziehung) as a resource".

Ein Netzwerk besteht aus Knoten (Aktoren, wie z.B. Individuen, Gruppen, Organisationen) und Kanten (direkte oder indirekte Beziehungen, Aktivitäten oder Interaktionen zwischen den Aktoren). Gekennzeichnet ist ein Netzwerk durch die Merkmale wie Freiwilligkeit, Autonomie der Beziehungen, wechselseitiges Vertrauen, Kooperation oder Aushandlung von Regeln. Für die Wirkungen der Netzwerke bilden die Ausgestaltung der Kanten, d.h. Zahl, Verschiedenartigkeit, Intensität und Verteilung der Beziehungen zentrale Faktoren (hierzu z.B. auch Kühlmann/Haas 2009, S. 14, Kutschker/Schmid 2011, S. 536f.).

In diesem Zusammenhang erfolgt eine Eingrenzung der Aktoren auf Unternehmungen bzw. Organisationsteile. Der Austausch bezieht sich auf Geld, Waren, Informationen oder Wissen. Die Beziehungen lassen sich wie folgt charakterisieren (vgl. zur Bedeutung Gemünden/Ritter/Walter 1997):
- Transaktionsbeziehungen,
- Informations- und Kommunikationsbeziehungen,
- Macht- und Einflussbeziehungen,
- Vertrauensbeziehungen.

Gerade eine gemeinsame Identität der Netzwerkteilnehmer fördert den Aufbau von Vertrauen auf allen Betrachtungsebenen für Netzwerke. Aber insbesondere auch der Austausch von Informationen kann zu Wettbewerbsvorteilen führen.

Motive für die Netzwerkbildung bestehen z.B. in Zeitvorteilen, Realisierung von Kostenvorteilen, Informationsvorteile durch Erwerb wettbewerbsrelevanten Wissens, Einfluss auf das Marktgeschehen bzw. zusätzliche Marktzugang oder Steigerung der strategischen Flexibilität. Die Risiken und Probleme der Netzwerkbildung bestehen dabei vor allem im hohen Koordinationsaufwand, der fehlenden wirkungsvollen Kontrolle der einzelnen Abläufe und speziell im opportunistischen Verhalten der Netzwerkteilnehmer (siehe hierzu auch Rogge 2012, S. 17).

(b) Typen von Unternehmungsnetzwerken

Zur Einordnung: Bei Unternehmungsnetzwerken handelt es sich mehr um Diversifikation durch Kooperation als Diversifikation durch Integration; im Unterschied zum Begriff Kooperation, aber auch der Allianz, allenfalls ähnlich mit dem Begriff des Verbundes werden mit dem Netzwerk also deutlich komplexere Beziehungsgeflechte assoziiert.

Unternehmungsnetzwerke lassen sich sinnvoll mit Hilfe verschiedenster typenbildender Kriterien differenzieren (vgl. den Überblick bei Sydow/Duschek 2011). Wichtig erscheint auch in diesem Zusammenhang die Unterscheidung verschiedener Netzwerktypen nach einerseits der Steuerungsform (hierarchisch, heterarchisch) und andererseits der zeitlicher Stabilität (statisch, dynamisch). Obwohl sowohl die Steuerungsform als auch die zeitliche Stabilität von Unternehmungsnetzwerken eigentlich als kontinuierliche Dimensionen aufzufassen sind, markieren sie eine Vierfelder-Matrix, in der sich alle wichtigen Netzwerktypen verorten lassen: strategische Netzwerke, regionale Netzwerke, Projektnetzwerke und sogar die in letzter Zeit viel diskutierte virtuelle Unternehmung (siehe Abbildung16).

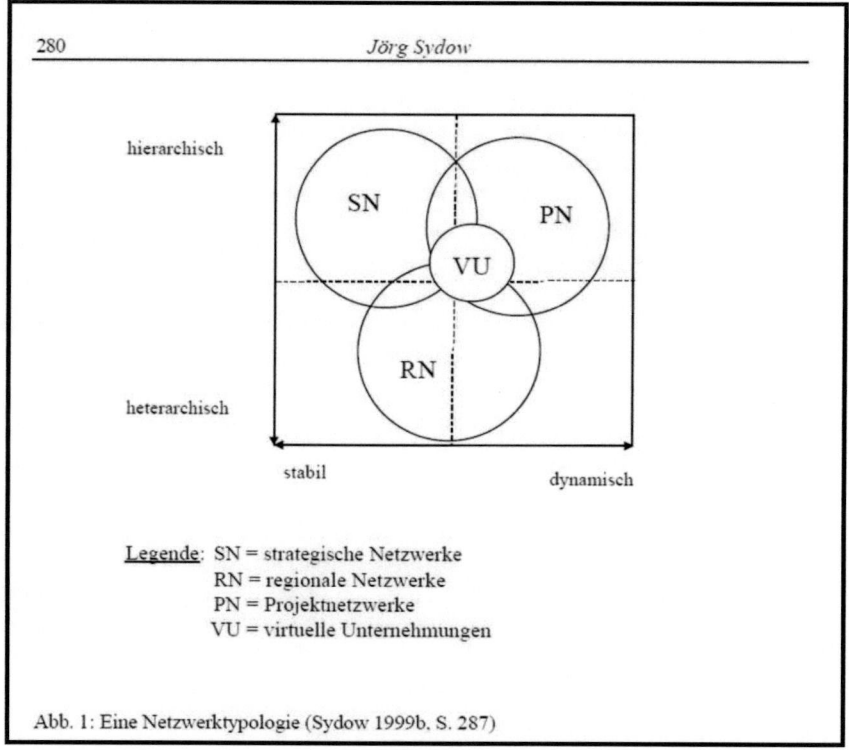

Abb. 16: Typologie von Netzwerken; Quelle: Sydow/Duschek 2011, S.145

Prototypische Beispiele regionaler Netzwerke finden sich im mittleren Norditalien (insbesondere in der Emilia Romagna), in Südfrankreich, im Silicon Valley, im M 4 Korridor Englands sowie in Baden-Württemberg, wobei deren Existenz in einigen dieser Regionen durchaus umstritten ist. In der Praxis sind regionale Netzwerke oft in umfassendere, international tätige und strategisch geführte Netzwerke eingebettet (z.B. Produktionsnetzwerke in der Emilia Romagna, die Benetton beliefern).

Projektnetzwerke

oder operative Netzwerke sind gekennzeichnet durch die zeitliche Befristung der Netzwerkbeziehungen. Zweck der Zusammenarbeit ist eine effiziente und schnelle Koordination vergleichsweise standardisierter Leistungen wie z.B. die Freisetzung von Rationalisierungspotenzialen und/oder die Realisierung von Qualitätsverbesserungen einzelner Angebote. Insofern ist der Zugang für neue Partner weniger restriktiv. Sie sind relativ heterarchisch gesteuert und werden von einem fokalen Unternehmen geführt.

Strategische Netzwerke

sind langfristig angelegte Kooperationen und werden meist zentral durch ein fokales Unternehmen koordiniert. Die Art und Weise der strategischen Führung spiegelt die hierarchische Aufstellung des Netzwerkes wider, wobei die Koordination oftmals durch formelle Regelungen schriftlich fixiert ist. Hier besteht eine enge Verbindung zu den strategischen Allianzen (siehe Abschnitt 4.2.).

Virtuelle Netzwerke

sind organisiert durch die neuen Informations- und Kommunikationstechnologien. Es tritt gegenüber dem Abnehmer der Leistungen als ein Unternehmen auf, die Zusammensetzung bleibt dem Abnehmer allerdings verborgen

Diese (idealtypische) Differenzierung weist Überschneidungen mit anderen Möglichkeiten der Typisierung auf. Zu den verschiedenen Typisierungsmöglichkeiten interorganisationaler Netzwerke siehe auch die Übersicht von Sydow 1999, S. 285.

Es sei an dieser Stelle darauf hingewiesen, dass sich Netzwerke generell unter sehr verschiedenen Aspekten analysieren lassen. So kann man den Erfolg von Netzwerken speziell unter dem Aspekt der Unternehmensgründung betrachten und in diesem Zusammenhang die Vorteile und Kosten der Netzwerkbildung betrachten (mit dem Ergebnis eines U-förmigen Zusammenhanges zwischen Netzwerkeinsatz und Erfolg – siehe hierzu z.B. Semrau/Werner 2012 und Witt 2004 sowie Watson 2007; zu den Besonderheiten von kleinen Unternehmen auch Street/Cameron 2007).

Eine andere Übersicht zur Netzwerkorganisation beschreiben Snow/Miles/Coleman (1992), wobei sie zwei Formen unterscheiden und zwar „stabile Netzwerke" und „dynamische Netzwerke". Hier werden bei beiden Typen große Teile der Wertschöpfung auf verschiedene rechtlich selbständige Unternehmen verteilt. Dabei sind stabile Netzwerke durch eine Kernunternehmung, die einen Großteil der Wertschöpfung erbringt, charakterisiert. Demgegenüber erbringt in dynamischen Netzwerken, das ebenfalls ein Kernunternehmen aufweist, dieses nur einen geringen Anteil der Wertschöpfung. In diesem Fall besitzt es die besondere Fähigkeit, das Netzwerk zu koordinieren. Diese beiden Typen lassen sich wie folgt darstellen.

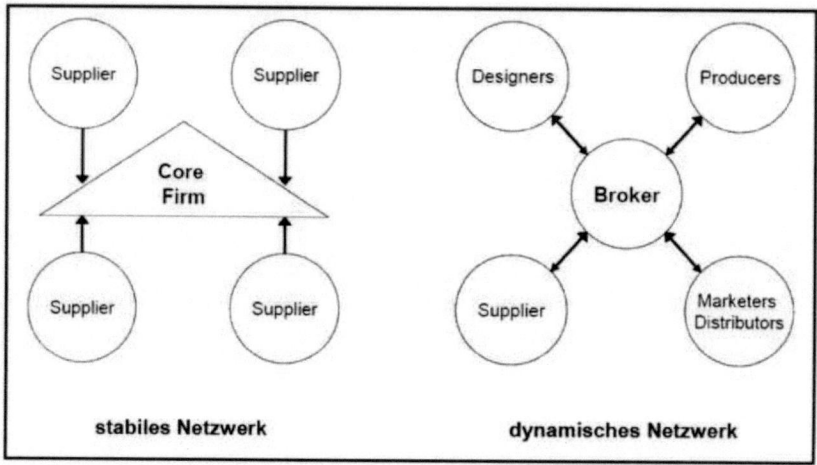

Abb. 17: Stabile und dynamische Netzwerke nach Snow/Miles/Coleman; Quelle: Rogge (2012), S. 22

In diesem Zusammenhang kann man einen gewissen Bezug zum „centralized hub" (Form einer sternförmigen Anordnung mit einem Zentrum als „hub") bzw. der „decentralized federation" (viele unabhängige Teilnehmer, die von einer Organisationseinheit koordiniert werden) feststellen. Die Form des „integrated network" lässt sich dagegen eher durch das Flagship-Firm-Modell (Rugman/D'Cruz 1997 und 2000) beschreiben (siehe nachstehende Abbildung). Auch wenn die Ausrichtung des gesamten Netzwerkes von der Führungsrolle der „flagship firm" getragen wird und die Struktur durch eine asymmetrische Machtverteilung der Netzwerkteilnehmer gekennzeichnet ist, kann doch jeder einzelne die Strategien im eigenen Sinne gestalten und profitiert vom Zugang zu relevanten Ressourcen und Image.

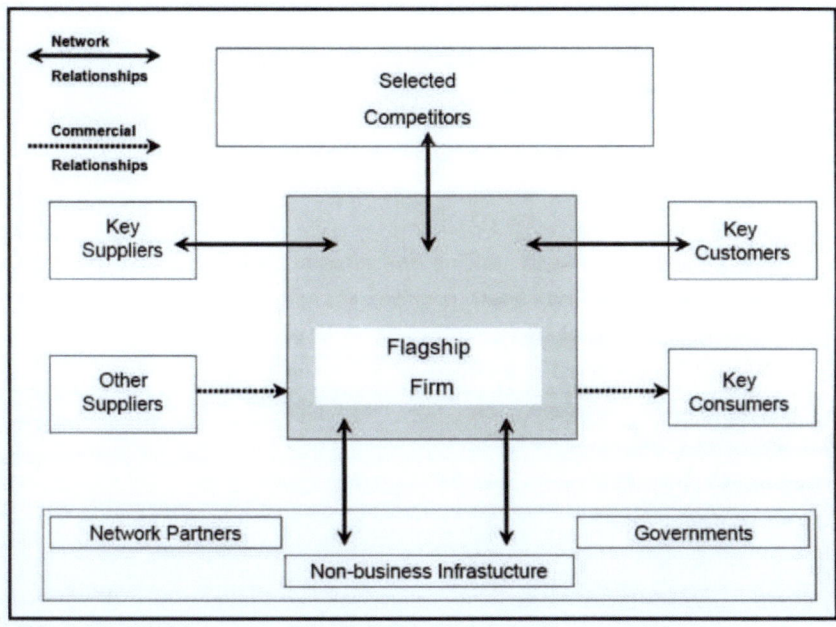

Abb. 18: Flagship Relationships nach D'Cruz/Rugman; Quelle: Rogge (2012), S.24

(c) Netzwerkorganisationen und Prozessmanagement

Netzwerke kann man nach einer Vielzahl von Netzwerktypologien bzw. Dimensionen differenzieren, die die Netzwerkorganisation beschreiben. Um die Fülle zu reduzieren, kann man drei Netzwerkkategorien bilden (hier nach Sydow/Duschek/Rometsch 2003, S.57 bzw. Duschek/Rometsch 2005 S. 125ff.) und zwar:

- „Prozess" (Entstehung, Steuerung und Koordination),
- „Inhalt" (Struktur, Position, Qualität der Beziehungen und Art der Netzwerkmitglieder),
- „Funktion" (Wirkungsweise bzw. Ergebnis eines Netzwerkes, Erfolgsmaßstäbe).

Neben der Bildung von Typologien und Beschreibung der Netzwerkorganisation ist den Prozessen und dem Management eine besondere Aufmerksamkeit zu widmen. Bedeutsam beim Management von Netzwerkorganisationen sind hier besonders (zur Problematik des Management von Netzwerkorganisationen siehe auch Sydow 2010):

- Effizienz und Effektivität,
- Vertrauen und Macht,
- Wissen und Lernen,
- Kooperation und Kompetition,
- Koordination von Arbeit über Organisationen hinweg.

Interessant, dass hier strategische Netzwerke eher international orientiert unter der Führung eines fokalen Unternehmens gesehen werden, regionale Netzwerke als Zusammenschluss KMU mit informellen Regelungen und fehlender strategischer Netzführerschaft.

(c1) Netzwerkorganisation

Gerade bei dynamischen Umweltentwicklungen erscheinen „Anweisung und Gefolgschaft", die beiden Kernmerkmale hierarchischer Strukturmodelle hinterfragenswert. Merkmale der Netzwerkorganisation (mit der sie sich hauptsächlich von hierarchischen Strukturen absetzen) sind:

- hohes Ausmaß an horizontalen Beziehungen zwischen den Mitgliedern,
- locker organisierte Systeme, die aufgrund persönlicher Bindungen bestehen,
- partnerschaftliche Gruppenstruktur mit Kollegialbeziehungen von untereinander gleichrangigen Fachleuten,
- regelmäßig für begrenzte Zeit Bildung von Arbeitsgruppen, die sich speziellen (Projekt-)Aufgaben widmen.

(c2) Clusterorganisationen

Bei Clusterorganisationen handelt es sich um eine Gruppe von Personen, die unterschiedlichen Teilbereichen des Unternehmens entstammen und in einer semipermanenten und autonomen Basis mit dem Ziel einer größtmöglichen Kundenorientierung zusammenarbeiten. Kernmerkmale sind:

- Entscheidungen direkt am Ort der jeweiligen Problementscheidung
- Kaum Hierarchie innerhalb der Cluster und dementsprechend äußerst flache Struktur
- Rotation der clusterinternen Führungsaufgabe nach Aufgabenkompetenz
- Breite Teilung von Informationen auf der Basis eines Computernetzwerkes
- Übernahme vieler Verwaltungsfunktionen eigenverantwortlich

Die Angehörigen des Top-Managements beschränken sich auf die Bestimmung des Unternehmensleitbildes und des übergeordneten Strategieentwurfes.

Cluster bzw. Branchen-Cluster sowie Lebenszyklen von Branchen-Clustern er-geben sich auch aus Porters Diamantentheorie (Porter 1990 bzw. Mor-schett/Schramm-Klein/Zentes 2009, S119ff. und Schramm-Klein 2005, S. 542).

(d) Kultur des Netzwerkmanagement –
Macht, Einfluss und Autonomie in Netzwerken

Ein wichtiges Beurteilungskriterium im Zusammenhang von Organisationsmo-dellen in Form von Netzwerken ist die Ungleichheit bzw. Gleichheit. Es geht um die Durchsetzung von Interessen, d.h. um die „Machtfrage". In der Netzwerka-nalyse wird das Problem einer mehr oder weniger legitimen Macht unter den Stichworten Einfluss, Prestige und Zentralität diskutiert (Jansen 2006, S. 163).

Zum einen ist das *Einflussnetzwerk* zu betrachten. Legitime Macht besitzt der, wer positiv in das Informations- und Kommunikationsnetzwerk eingebunden ist. Der Status des Akteurs ist umso größer, je höher die Zahl seiner Außenbezie-hungen ist und je mächtiger ihrerseits seine Kontaktakteure sind. Für dieses positive, ansehensbasierte Einflussnetzwerk werden als Indikatoren der Macht Zentralitäts- und Prestigemaße herangezogen.

Zum anderen ist das *Tauschnetzwerk* zu betrachten. Hierbei geht es um struk-turelle Autonomie, Macht im Sinne der bloßen Verfügung über knappe Ressour-cen. Es fragt nach den Abhängigkeiten und Zwängen bzw. welche Abhängig-keiten ausgebeutet werden können. Es geht um ein negativ verbundenes Netz-werk, in dem das Fehlen von strukturellen Zwängen und die Ausbeutbarkeit struktureller Löcher zu einem Indikator für Macht werden (ebenda S. 163).

Das Kennzeichen eines positiv verbundenen Netzwerkes ist Komplementarität und Additivität der Beziehungen. Dagegen sind negativ verbundene Netzwerke gekennzeichnet durch Konkurrenz zwischen den Beziehungen. In diesem Zu-sammenhang ist auch die Betrachtung von Machtmodellen von Interesse.

(d1) Das Marktmodell von Macht (Colemens 1990)

Grundlage der Machtdefinition ist seine Konzeption eines Handlungssystem; es ist definiert über

(1)   die beteiligten Akteure;
(2)   die bewerteten Ressourcen oder Ereignisse, die im System ver-teilt bzw. bewirkt werden;
(3)   die Verfassung, d.h. die ursprüngliche Verteilung der Kontrolle über Ressourcen unter den Akteuren.

(d2) Netzwerkbezogene Operationalisierungen von Macht

setzen an den Einflussprozessen und/oder den Sozialstrukturen der Tausch-prozesse an und betrachten Macht als eine latente Variable, die nur indirekt, an Indikatoren für Machtmanifestationen, gemessen werden kann.

- Das simpelste Modell kümmert sich nicht um die Ressourcenbasis der latenten Variablen Macht, sondern identifiziert Macht mit einem Aus-druck von Macht, der Reputation, ein einflussreicher Akteur zu sein.
- Ein komplexeres Modell sieht dagegen Prozesse sozialer Beeinflus-sung hinter der latenten Variable Macht. Mächtig ist derjenige Akteur, der auf viele andere Akteure sozialen Einfluss ausübt. Operationali-siert wird ein solches Konzept, indem man ein Einflussnetzwerk er-hebt.
- Das dritte Modell führt die latente Variable Macht nicht auf die Macht-basis des Einflussnetzes, sondern auf den Besitz von knappen Res-sourcen zurück. Es geht von Ressourcenkonkurrenz und –interdepen-denz aus, unterstellt also ein negativ verbundenes Netzwerk.
- Das vierte Modell ersetzt die Annahme des vollkommenen Marktes durch ein Ressourcentauschnetzwerk mit Barrieren zwischen Akteu-ren und Maklerchancen für Akteure. Die Sozialstruktur des Tausches spielt hier also eine Rolle. Es geht um die Verteilung knapper Ressour-cen – Macht kann in einem solchen Modell operationalisiert werden als primäre Position im Ressourcentauschnetzwerk bzw. als soziale Nähe zu einer primären Position in einem solchen Ressourcentauschnetz-werk.
- Ein fünftes Machtmodell kombiniert sozialen Einfluss und Ressourcen-besitz als Machtbasen. Macht wird hier also gleichgesetzt mit der Kon-trolle über begehrte Ressourcen und der Nähe zu den primären Posi-tionen in einem Beeinflussungsnetzwerk.

Allerdings ist auf folgende empirische Untersuchung hinzuweisen. Cook und Kollegen berichten über Laborergebnisse und widersprachen, dass Zentralität auch Macht bedeutet – in einem Ressourcentauschnetzwerk in der Form eines Dreiersterns war nicht die zentralste Person, sondern die mittlere Personen-gruppe am erfolgreichsten (Jansen 2006, S. 171). Mit der Thematik der Kultur des Netzwerkmanagements gelangt man verstärkt in interdisziplinäre Untersu-chungsbereiche aus den Bereichen von Soziologie und Psychologie.

5 Fazit und Ausblick

Dyadische Beziehungen und netzwerkartige Strukturen finden in jüngster Zeit eine hohe wissenschaftliche Beachtung. Zur Erklärung von Unternehmensnetzwerken gibt es eine Reihe partieller Theorieansätze – einige im Zusammenhang wurden im 2. Kapitel dargestellt (eine Übersicht der relevanten Ansatzpunkte findet man z.B. bei Evers 1998, S. 112). Zur Ableitung eines konzeptionellen Bezugsrahmens auf den Weg zu einer Netzwerktheorie kann man von folgendem Erklärungsmuster ausgehen (siehe zu den Anforderungen Stölzle 1999, S. 94f. bzw. zum theoretischen Bezugsrahmen Wittig 2005, S. 104ff.):

> ➢ *Kontextfaktoren*

Die Kontextfaktoren beschreiben das Umfeld des Unternehmens; hierzu zählen sowohl Marktfaktoren und Unternehmensfaktoren als auch Netzwerkfaktoren (wesentliche Elemente dieser Kontextfaktoren wurden in Abschnitt 3.1. dargestellt).

Aus diesen Kontextfaktoren leiten sich dann die Gestaltungsdimensionen ab.

> ➢ *Gestaltungsdimensionen des Netzwerkmanagements*

Die Gestaltungsdimensionen wird durch die Strategie, die sich wiederum aus wettbewerbs- und strategieorientierten Ansätzen ableitet, determiniert (bzgl. der Kernprozesse Supply Chain und Marktbearbeitung siehe die Ausführungen in den Abschnitten 3.2. und 3.3.). Hinzu kommen mit interdependentem Charakter zur Strategie die Entscheidungsebene (Selektion, Allokation und Regulation) und die Systemebene (

> ➢ *Erfolg*

Aus diesen Elementen resultiert dann der Erfolg, der sich in Effizient und Effektivität darstellt.

> ➢ *Entstehung durch die Erarbeitung von Machtpositionen und Entwicklung von Vertrauen*

Darüber hinaus sind spezielle Elemente mit Bezug zur Netzwerktheorie zu beachten, die sich im Netzwerkmanagement ausdrücken und die z.B. den Einfluss bzw. die Autonomie der beteiligten berücksichtigen (Beispiele hierzu sind in Abschnitt 4.3. dargestellt).

> ➢ *Evolution von Unternehmensnetzwerken*

Eine statische, zeitpunktbezogene Analyse ist nicht ausreichend. Letztlich ist auch der zeitliche Aspekt zu berücksichtigen, d.h. es sind die Dynamik und die dynamischen Fähigkeiten zu untersuchen (Hinweise zu diesem Sachverhalt wurden im Abschnitt 2.3. gegeben).

Damit kann ein theoretischer Rahmen zum Netzwerkmanagement beschrieben werden. Aus der Diskussion ergeben sich eine Reihe anderer Schlussfolgerungen. Zusammenfassend kann man folgende Ergebnisse herausheben:

- Durch moderne Informations- und Kommunikationstechnologien entstehen eine zunehmende Zentralisation von Unternehmen, sinkende Transformationskosten sowie die Tendenz zu Marktlösungen.

- Durch Vernetzung entstehen unternehmensübergreifende Informations- und Kommunikationssysteme, die nicht nur eine bessere Steuerung der gesamten Wertschöpfungskette zulassen, sondern auch eine Tendenz zu Kooperationen und Netzwerkorganisationen unterstützen.

- Man kann folgende These formulieren: Zunehmend wird dies nicht auf Großunternehmen bzw. multinationale Unternehmen (MNU) beschränkt bleiben sondern auch für mittlere Unternehmen (KMU) neue Chancen eröffnen.

- Es genügt nicht wertvolle, seltene, schwer zu imitierende und nicht substituierbare Ressourcen zu besitzen, um im Zeitablauf (diese) Wettbewerbsvorteile zu erhalten, müssen Unternehmen dynamische Fähigkeiten entwickeln.

- Gerade in diesem dynamischen Prozess bildet das Nutzen von Netzwerken eine entscheidende Komponente.

- Positive Aspekte ergeben sich durch kooperativen Vereinbarungen - dies führt zum Begriff „collaborative advantage" und in Analogie zu Porters Modell der Wettbewerbskräfte (Five-Forces-Modell) spricht man hier von dem korrespondierenden „collaborative five-sources-model".

- Ein Unternehmen sollte also eine Kombination von konkurrenzbetonten und gemeinschaftlichen Strategien wählen – diese können sich auf alle Stufen der Wertkette innerhalb des Wertschöpfungsprozesses beziehen; der Ansatz der Cooptetion bildet hierzu einen Ansatz.

- Bei der Implementierung der Internationalisierung gewinnen auch zunehmend Intra- und Interorganisationelle Netzwerke an Bedeutung; durch zunehmende Marktunsicherheiten besteht ebenfalls eine Tendenz hin zu Netzwerkorganisationen.

- Die Modularisierung der Unternehmung begünstigt ebenfalls diese Tendenz hin in Richtung zur Bildung von Netzwerkstrukturen („Verflüssigung" organisatorischer Regelungen und Strukturen).

- In Summe ergeben sich aus der Präsenz in mehreren Ländern Verbundvorteile (Economies of Scope); charakteristisch für die Bildung einer entsprechenden Netzwerkstruktur ist das gedachte Vorliegen von Austauschbeziehungen und –prozessen zwischen möglicherweise weltweit gestreuten Unternehmen(-steilen) zur Erschließung der potentiellen Vorteile.

- Das Netzwerk eines Unternehmens erlaubt Zugriff zu Schlüsselressourcen seiner Umwelt wie Information, Güter, Kapital, Dienstleistung oder Zugang.

- Die Zusammenarbeit im Zuge von Unternehmens-kooperationen basiert auf relationalen Verträgen, die mit Bezug zu einem (bzw. mehreren) klar definierten Betätigungsfeldern komplementäre Ressourcen bündeln, gemeinschaftliche Aufgaben erfüllen und Handlungen koordinieren.

- Ein Unternehmensnetzwerk kann nicht ersetzbare und nicht imitierbare Werte schaffen; zudem besteht das Potenzial eines Unternehmensnetzwerkes in der Generierung von Eintrittsbarrieren in das Netz bzw. die Branche.

- In Allianzen bzw. Netzwerken werden zunehmend kompetitive Elemente durch kooperative Elemente ersetzt; Wettbewerb tritt dabei häufiger in Bereichen auf, die näher beim Kunden liegen - Vorstufen, von Kunden entfernte Aktivitäten weisen demgegenüber häufig kooperative Züge auf.

- Die verschiedenen Strategien können im Unternehmen klar getrennt sein, benötigen jedoch eine Instanz, die koordiniert und kontrolliert.

- Da man in der Regel nicht mehr aus dem Wertnetz gewinnen kann als man ins Netz einbringt, bestehen Handlungsoptionen vor allem darin Möglichkeiten zu identifizieren, wie das Unternehmen den Wert des gesamten Netzes vergrößern kann.

- Ein wichtiges Beurteilungskriterium im Zusammenhang von Organisationsmodellen in Form von Netzwerken ist die Ungleichheit bzw. Gleichheit; es geht um die Durchsetzung von Interessen, d.h. um die „Machtfrage".

Die Beantwortung der Frage, ob die ausländische Wertschöpfung über eine Kooperation (z.B. Managementkontrakt, Franchising, Lizenz, Joint Venture) oder mittels Hierarchie (z.B. Tochtergesellschaft) erreicht werden soll, hängt allerdings von sehr vielen Faktoren ab.

Ausblick:

Im Rahmen der weiteren Analyse sind die hier angestellten Überlegungen zu fokussieren auf mittelständische Unternehmen. Vor diesem Hintergrund wären Netzwerke als strategische Optionen des Mittelstandes zu untersuchen (siehe hierzu z.B. Dibbern 2002) oder vor allem mit Bezug zu internationalen Geschäftsbeziehungen Markteintrittsstrategien von mittel-ständischen Unternehmen (hierzu z.B. Maekelburger/Schwens/ Kabst 2012). Für weitere Ansätze bzgl. der Betrachtung von internationalen Geschäftsbeziehungen sollte es darum gehen, Gesetzmäßigkeiten von Erfolgsfaktoren und Misserfolgsfaktoren bezüglich des Einflusses von unterschiedlichen Typen von Geschäftsbeziehungen – auch im Vergleich mittelständischen Unternehmen mit Großunternehmen – abzuleiten. Dies kann auf Basis einer Befragungsaktion erfolgen wie es im weiteren Verlauf des Forschungsprojektes vorgesehen ist.

Literatur:

Acedo, F.J. / Barroso, C. / Galan, J.L. (2006);
The Resource-Based Theory: Dissemination and Main Trends, in: Strategic Management Journal, 27. Jg., Nr. 7, 2006, S. 621-636

Albach, H. (1988);
Kosten, Transaktion und externe Effekte im betrieblichen Rechnungswesen, in: Zeitschrift für Betriebswirtschaft, 58. Jg., Nr. 11, S. 1143-1169

Albach, H. (1991);
Joint Venture – Praxis internationaler Unternehmenskooperationen, Zeitschrift für Betriebswirtschaft 1/91, Gabler Wiesbaden 1991

Albach, H. (1992);
Strategische Allianzen, strategische Gruppe und strategische Familien, in: Zeitschrift für Betriebswirtschaft, 62. Jg. 1992, S. 663-670

Anderson, C. / Hakansson, H. / Johansson, J. (1994);
Dyadic Business Relationships within a Business Network Context, in: Journal of Marketing, Vol. 58, Nr. 4 1994, S. 1-15

Anderson, E. / Gatignon, H. (1986);
Modes of Foreign Entry: A Transaction Cost Analysis and Propositions, in Journal of International Business Studies, Vol. 11 1986, S. 1-25

Andersson, U. / Forsgren, M. / Holm, U. (2002);
The Strategic Impact of External Networks: Subsidiary Performance and Competence Development in the Multinational Corporation, in: Strategic Management Journal, Vol. 23, No. 11, S. 979-996, 2002

Arend, R.J. / Bromiley, Ph. (2009);
Assessing the dynamic capabilities view: spare change, everyone?, in: Strategic Organization, Vol. 7, Nr.1 2009, S. 75-90

Arnold, U. (1998);
Beschaffungsmanagement, 2. überarb. Aufl., Stuttgart 1998

Arnold U. / Eßig M. (2005);
Kooperationen in der industriellen Beschaffung, in: Zentes, J./ Swoboda, B., D. Morschett (Hrsg.) Kooperationen, Allianzen und Netzwerke (2. Aufl.) Wiesbaden, Gabler 2005, S.660-681

Arnolds. H. / Heege, F. / Röh, C. / Tussing, W. (2013);
Materialwirtschaft und Einkauf. Grundlagen – Spezialthemen – Übungen, 12. akt. und überarb. Aufl. Wiesbaden 2013

Bain, J. (1951);
Relation of Profit Rate to Industry Concentration: American Manufacturing, 1936 – 1940, in: Quarterly Journal of Economics, Vol. 65, No.3, S. 293-324

Bain, J. (1956);
Barriers to New Competition, Cambridge 1956

Bain, J. (1968);
Industrial Organization, 2.Aufl., New York 1968

Baltes, P. (2004);
Handlungsökonomie und neue Institutionenökonomie, Baden-Baden 2004

Bamberger, I. / Wrona, Th. (1996);
Der Ressourcenansatz und seine Bedeutung für die Strategische Unternehmensführung, in: Zeitschrift für betriebswirtschaftliche Forschung, 48. Jg., Nr. 2, 1996, S. 130 – 153

Barney, J.B. (1986);
Organizational Culture: Can It Be a Source of Sustained Competitive Advantage?, in: Academy of Management Review, 11. Jg., Nr. 3, 1986, S. 656-665

Barney, J. B. (1991);
Firm Resources and Sustained Competitive Advantage, in: Journal of Management, 17. Jg., Nr. 1, 1991, S. 99-120

Barney, J.B. (1997);
Gaining and Sustaining Competitive Advantage, 2. Aufl., New York et al 1997

Barreto, I. (2010);
Dynamic capabilities: A review of past research and an agenda for the future, in: Journal of Management, Vol. 36 2010, S. 256-280

Bartlett, Chr. A. / Ghoshal, S. (1989);
Managing Across Boarders. The Transnational Solution, Boston, Harvard Business School Press, 1989

Bartlett, Chr. / Ghoshal, S. / Beamish, P. (2008);
Transnational Management, 5. ed.,Bosten, MA, McGraw-Hill, 2008

Belz, Chr. / Reinhold, M. (2005);
Kooperation im Vertrieb, in: Zentes, J./ Swoboda, B. / Morschett D. (Hrsg.), Kooperationen, Allianzen und Netzwerke (2. Aufl.) Wiesbaden 2005, S.751-772

Bengtsson, M. / Kock, S. (2000);
„Coopetition" in Business Networks – to Cooperate and Compete Simultaneously, in: Industrial Marketing Management, Vol. 29 2000, S. 411-426

Benkenstein M. / Beyer, Th. (2005);
Kooperationen im Marketing, in: Zentes, J./ Swoboda, B. / Morschett D. (Hrsg.), Kooperationen, Allianzen und Netzwerke (2. Aufl.) Wiesbaden 2005, S.706-726

Böcker, H. (1991);
Steuerliche Prüfung und Behandlung von Lizenzzahlungen an verbundene ausländische Unternehmen, in: Die steuerliche Betriebsprüfung, 31. Jg. Nr. 4, 1991, S. 73-83

96

Boehmer, A.v. / Brockhoff, K. / Pearson, A. (1992);
The management of international research and development, in: Buckley, J. / Broke, M. (Hrsg.); International Business studies: An overview, Oxford 1992, S. 495-509

Bogaschewsky, R. (1994);
Rationalisierungsgemeinschaften mit Lieferanten, in: Bloech, J. / Bogaschewsky, R. / Frank, W. (Hrsg.), Konzernlogistik und Rationalisierungsgemeinschaften mit Lieferanten, Stuttgart 1994, S. 95-115

Bogaschewsky, R. (Hrsg.) (2007);
Beschaffung vor dem Hintergrund der Globalisierung. Entwicklungen, Strukturen, Prozesse, Dresden 2007

Bouncken R.B. (2000);
Dem Kern des Erfolgs auf der Spur? State of the Art zur Identifikation von Kernkompetenzen, in: Zeitschrift für Betriebswirtschaft, 70. Jg., Nr. 7/8, 2000, S. 865-885

Bradach, J. / Eccles, R.G. (1989);
Price, Authority and Trust: From Ideal Types to Plural Forms, in: Annual Review of Sociology, 15. Jg., o.Nr., 1989, S. 97-118

Brockhoff, K. (1999);
Forschung und Entwicklung: Planung und Kontrolle, 5. Aufl .München 1999

Brouthres, K.D. / Brouthers, L.E. / Werner S. (2008);
Resource-based Advantages in an International Context, in: Journal of Management, Vol. 34, Nr. 2 2001, S. 189-217

Bruse, H. (2011);
Globalisierung – Wer treibt wen?, Vortragsmanuskript anlässlich Tag der offenen Tür am 19. Februar 2011, Bergisch Gladbach 2011

Buckley, P.J. / Casson, M.C. (1991);
The Future of the Multinational Enterprise, 2.Aufl., Houndsmills, Basingstoke, London, Macmillan

Büchel, B. (2003);
Kooperationsbeziehungen während des Joint-Venture-Lebenszyklus: Auswirkungen auf den Erfolg von Joint Ventures, in: Zentes, J./ Swoboda, B. / Morschett D. (Hrsg.); Kooperationen, Allianzen und Netzwerke, Wiesbaden 2003, S. 587-606

Bürgel H.D. / Haller, S. / Binder, M.(1996);
F&E Management, München1996

Burmann, C. (2002);
Immaterielle Unternehmensfähigkeiten als Komponenten des Unternehmenswertes: Operationalisierung und empirische Messung, in: Die Unternehmung, Vol. 56, Nr. 4, 2002; S. 227-245

Burr W./ Stephan, M. / Werkmeister, C. (2011);
Unternehmensführung – Strategien und Gestaltung des Wachstums von Unternehmen, 2. Auf., Vahlen München 2011

Burton, J. (1995);
Composite strategy: the combination of collaboration and competition, in: Journal of General Management, Vol. 21, Nr.1 1995, S. 1-23

Cann, C. (1998);
Eight Steps to Building a Business-to-Business Relationship, in: Journal of Business & Industrial Marketing, Vol. 13, Nr. 4/5 1998, S. 393-405

Carrie, A. (2000);
From integrated enterprises to regional clusters: the changing basis of competition, in: Computers in Industry, 42. Jg., 2000, S. 289-298

Chen, H. / Chen, T.-J. (2003);
Governance Structure in Strategic Alliances: Transaction Cost versus Resource-based Perspective, in: Journal of World Business, 38. Jg., Nr. 1, 2003, S. 1-14

Coase, R.H. (1937);
The Nature of the Firm, in: Economica, Vol.4, Nr.16, 1937, S. 386-405

Commons, J.R. (1931);
Instutional Economics, in: American Economic Review, 21. Jg., 1931, S.648-657

Contractor, F.J. / Lorange, P. (2002);
The Growth of Alliances in the Knowledge-based Economy, in: International Business Review, 11. Jg. Nr. 4, 2002; S. 485-502

Corsten, H. (2002);
Herausforderungen an das Supply Management im internationalen Unternehmensverbund, in: Macharzina, K. / Oesterle, M.-J. (Hrsg.), Handbuch Internationales Management, 2. Aufl. Wiesbaden 2002, S. 943-968

Das, T.K. / Teng, T.H. (2000);
Instabilities of Strategic Alliances: An Internal Tensions Perspective, in: Organization Science, 11. Jg. Nr. 1 2000, S. 77-101

Dibbern, F.F. (2002);
Mittelstand im Wandel des Wettbewerbs – Möglichkeiten und Grenzen kooperativer Unternehmensnetzwerke als strategische Option, Dissertation, Albert-Ludwigs-Universität Freiburg i. Brsg.

Dowling, M. / Lechner, Chr. (1998);
Kooperative Wettbewerbsbeziehungen: Theoretische Ansätze und Managementstrategien, in: Die Betriebswirtschaft, 58. Jg., Nr. 1, 1998, S. 86-102

Doz, Y. / Santos,, J. / Williamson, P. (2001);
From Global to Metanational – How Companies Win in the Knowledge Economy, Boston 2001

Duschek, S. / Rometsch, M. (2005);
Netzwerktypologien – Nutzen und Grenzen am Beispiel der Kompetenzentwicklung, in: Stahl, H.K / von der Eichen, F.A. (Hrsg.); „Vernetzt" –Netzwerke von und in Unternehmen, Berlin 2005, S. 121-138

98

Duschek, S. / Sydow, J. (2002);
Ressourcenorientierte Ansätze des strategischen Managements, in: Wirtschaftswissenschaftliches Studium, 31. Jg., Heft 8, 2002, S. 426-431

Dwyer, F. / Schurr, P. / Oh, J. (1987);
Developing Buyer-Seller-Relationships, Journal of Marketing, Vol. 51, Nr. 2 1987, S. 11-28

Dyer, J.H. / Singh, H. (1998);
The Relational View: Cooperative Strategy and Sources of Interorganizational Competitive Advantage, in: Academy of Management Review, Vol. 23, Nr. 4 1998, S. 660-679

Ebers, M. / Gotsch, W. (2006);
Institutionenökonomische Theorien der Organisation; in: Kieser, A. und M. Ebers (Hrsg.) Organisationstheorien, 6. Aufl. Stuttgart 2006, S. 247-308

Ebner M. / Walti, A. (1996);
Innovationsmanagement als Antwort auf den zunehmenden Wettbewerb, in: Gassmann, O. / Zedtwitz, M. (Hrsg.); Internationales Innovationsmanagement, München 1996, S. 17-34

Eisenhardt, K. / Martin, J.A. (2000);
Dynamic Capabilities: What are they?, in: Strategic Management Journal, 21. Jg., Nr. 10/11, 2000, S. 1105-1121

Engelhard, J. / Sinz, E.J. (Hrsg.), (1999);
Kooperation im Wettbewerb. Neue Formen und Gestaltungskonzepte im Zeichen von Globalisierung und Informationstechnologie. Tagungsband der 61. Wissenschaftlichen Jahrestagung des Verbandes der Hochschullehrer für Betriebswirtschaft e.V. 1999 im Bamberg, Wiesbaden, Gabler, 1999

Eßig, M. (1999);
Cooperative Sourcing: Erklärung und Gestaltung horizontaler Beschaffungskooperationen in der Industrie, Frankfurt a.M. u.a. 1999

Evers, M. (1998);
Strategische Führung mittelständischer Unternehmensnetzwerke, Hamp München-Mering 1998

Freiling, J. (2004);
Competence-based View der Unternehmung, in: Die Unternehmung, Vol. 58, Nr. 1; 2004, S5-25

Frost, T. / Birkinshaw, J. / Ensign, P. (2002);
Centers of Excellence in Multinational Corporations, in: Strategic Management Journal, Vol. 23, No. 11, S. 997-1018, 2002

Gemünden, H.G. / Ritter, T. / Walter, A. (Hrsg.), (1997);
Relationships and Networks in International Markets, Oxford, New York, Tokio, Pergamon/Elsevier, 1997

Gemünden, H.G. / Ritter, T. (1998);
Die netzwerkende Unternehmung: Organisationale Voraussetzungen netzwerkkompetenter Unternehmen, in: Zeitschrift Führung und Organisation, 67. Jg., Nr. 5, 1998, S. 260-265

Grant, R.M. (1991);
The Resource-Based Theory of Competitive Advantage: Implications for Strategy Formulation, in: California Management Review, 33. Jg., Nr. 3, 1991, S. 114-135

Gulati, R. (1995);
Does familiarity breed trust? The implications of repeated ties for contractual choices, in: Academy of Management Journal, Vol. 35 1995, S. 85-112

Gulati, R. (1999);
Network location and learning: The influence of network resources and firm capabilities an alliance formation, in: Strategic Management Journal, Vol. 20, Nr. 5 1999, S. 397-420

Gulati, R. / Nohria, N. / Zaheer, A. (2000);
Strategic Networks, in: Strategic Management Journal Vol. 21 2000, 203-215

Gupta, A. / Govindarajan, V. (2000);
Knowledge Flows Within Multinational Corporations, in: Strategic Management Journal, Vil. 21, No. 4, S. 473-496, 2000

Hall, R. (1992);
The Strategic Analysis of Intangible Resources, in: Strategic Management Journal, 13. Jg., o.Nr., 1992, S. 135-144

Hakansson, H. (1982);
International Marketing and Purchasing of Industrial Goods: An Interaction Approach, New York 1982

Hedlund, G. (1986);
The Hypermodern MNC: A Heterarchy?, in: Human Resource Management, Vol. 25, No. 1, S. 9-35

Hedlund, G. (Hrsg.), (1993);
Organization of the Multinational Corporations. The United Nations Library an Transnational Corporations, Bd. 6, London, New York, Routledge, 1993

Hedlund, G. / Kogut, B. (1993);
Managing the MNC: The End of the Missionary Era, in: Hedlund, G. (Hrsg.), Organization of the Multinational Corporations. The United Nations Library an Transnational Corporations, Bd. 6, London, New York, Routledge, 1993 , S. 343-358

Helfat, C. / Peteraf, M. (2003);
The Dynamic Resourced-Based View: Capability Lifecycles, in: Strategic Management Journal, Vol. 24, No.10, 2003, S. 997-1010

Henderson, J.et al (2002);
Global Production Networks and the Analysis of Economic Development, in: Review of International Political Economy, Vol. 9, Nr. 3 2002, S. 436-464

Heß, G. (2008);
Suppy-Strategien in Einkauf und Beschaffung, Wiesbaden 2008

Hieber, R. (2002);
Supply Chain Management – A Collaborative Performance Measurement Approach, Zürich 2002

Hollensen, S. (2011);
Global Marketing. A Decision-oriented Approach, 5. Aufl. Pearson Education, Harlow 2011

Holtbrügge, D. / Welge M.K. (2010);
Internationales Management, 5. Aufl., Stuttgart, Schäffer-Poeschel, 2010

Homburg Chr. / Krohmer H. (2006);
Marketingmanagement. Strategie – Instrumente – Umsetzung – Unternehmensführung, 2. überarb. und erw. Aufl. Gabler, Wiesbaden 2006

Horsch, A. (2005);
Institutionenökonomie und Betriebswirtschaftslehre, München

Hungenberg, H. (1999);
Bildung und Entwicklung von strategischen Allianzen: Theoretische Erklärungen, illustriert am Beispiel der Telekommunikationsbranche, in: Engelhard, J. / Sinz, E.I. (Hrsg.), Kooperationen im Wettbewerb, Wiesbaden 1999, S. 3-29

Jansen, D.(2006);
Einführung in die Netzwerkanalyse. Grundlagen, Methoden, Forschungs-beispiele, 3. überarb. Aufl. VS Verlag für Sozialwissenschaften, Wiesbaden 2006

Jarillo, J.C. (1988);
On Strategic Networks: in: Strategic Management Journal, Vol. 9, 1988, S. 31-41

Jarillo, J.C. (1993);
 Strategic Networks: Creating the borderless organization, Oxford: Butterworth-Heinemann, 1993

Juga, J. (1996);
Organizing for network synergy in logistics – a case study, in: International Journal of Physical Distribution and Logistics Management, Vol. 26, Nr. 2 1996, S. 51-67

Kanter, R.M. (1994);
Collaborative advantage: the art of alliances, in: Harvard Business Review, Juli-August 1994, S. 96-108

Kayser, St. (2004);
E-business and new forms of collaboration along the supply chain, in: Fandel G. et al (Hrsg.), Modern Concepts of the Theory of the Firm. Managing Enterprises of the New Economy, Berlin et al 2004, S. 222-237

Kim, Ch. / Park, J.-H. (2010);
The Global Research-and-Development Network and its Effect on Innovation, in: Journal of International Marketing, Vol. 18 No. 4 2010, S. 43-57

Kotabe M. / Helsen K.(2010);
Global Marketing Management, Wily & Sons (Asis) 5. Aufl. 2010

Kreikebaum, H. / Gilbert, D.U. / Reinhardt, G.O. (2002);
Organisationsmanagement internationaler Unternehmen – Grundlagen und moderne Netzwerkstrukturen, 2. Aufl., Wiesbaden, Gabler 2002

Kutschker, M. / Schmid St. (2011);
Internationales Management, 7. Aufl., München, Oldenbourg Verlag 2010

Kutschker, M. / Schurig, A. (2002);
Embeddedness of Subsidiaris in Internal and External Networks – A Prerequisite for Technological Change, in: Havila, V. / Forsgren, M. / Hakansson, H. (Hrsg.), Critical Perspectives on Internationalisation, Oxford 2002, S. 107-132

Lado, A.A. / Boyd N.G. / Hanlon, S.C. (1997);
Competition, Cooperation, and the Search for Economic Rents: A Syncretic Model, in: The Academy of Management Review, Vol. 22 1997, S.110-141

Link, W. (1997);
Erfolgspotenziale für die Internationalisierung. Gedankliche Vorbereitung – Empirische Relevanz – Methodik, Wiesbaden, Gabler, 1997, zugl. Diss. Eichstätt

Luo, Y. (2000);
Dynamic Capabilities in International Expansion, in: Journal of World Business, 35. Jg., Nr. 4, 2000, S. 355-378

Luo, Y. (2007);
A Coopetition Perspective of Global Competition, in: Journal of World Business, 42. Jg., Nr. 2, 2007, S. 129-144

Lutz, S. / H.-P. Wiendahl (2005);
Kooperationen in der Produktion, in: Zentes, J./ Swoboda, B., D. Morschett (Hrsg.) Kooperationen, Allianzen und Netzwerke (2. Aufl.) Wiesbaden, Gabler 2005, S.684-704

Macharzina, K. / Wolf, J. (2008);
Unternehmensführung, 6. Aufl., Wiesbaden, Gabler 2008

Maekelburger, B. / Schwens, Chr. / Kabst, R. (20012);
Markteintrittsstrategien von KMU – Eine strukturelle und institutionelle Einbettung, in: Zentes (Hrsg.), Markteintrittsstrategien. Dynamik und Komplexität, Wiesbaden 2005, S.256-266

Mainela, T. (2007);
Types and Functions of Social Relationships in the Organizing of an International Joint Venture, in: Industrial Marketing Management, Vol. 10 Nr. 2 2007, S. 87-98

Makadok, R. (2001);
Toward a Synthesis of the Resource-Based and Dynamic-Capability Views of Rent Creation, in: Strategic Management Journal, 22. Jg., Nr. 5, 2001; S. 381-401

Malone T.W. / Yates J.A. / Benjamin, R.I. (1987);
Electronic Markets and Electronic Hierarchies, Communications of the ACM, Vol. 30, Nr.
6, 1987, S.484-497

Matje, A. (1996);
Kostenorientiertes Transaktionscontrolling. Konzeptioneller Rahmen und Grundlagen für
die Umsetzung, Wiesbaden 1996 Zugl. Diss. Wirtschaftsuniversität Wien 1994)

Mayrhofer, U. (2002);
Franco-British Strategic Alliances: A Contribution to the Study of Intra-European Partner-
ships, in: European Management Journal, 20 Jg. Nr.1, 2002, S. 10-17

Meckl, R. (2010);
Internationales Management, 2. Auf., München, Vahlen 2010

Meschi, P.-X. (2005);
Stock Market Valuation of Joint Venture sell-offs, in Journal of International Business
Studies, 36. Jg. Nr.6, 2005, S. 688-700

Miles, R. / Snow, Ch. (1986);
Network Organizations: New Concepts for New Forms, in: The McKinsey Quarterly,
1986, S. 53-66

Miles, R. / Snow, Ch. (1992);
Causes for Failure in Network Organizations, in: California Management Review Vol. 28,
Nr. 3, 1992, S.53-72

Morschett, D. (2007);
Institutionalisierung und Koordination von Auslandseinheiten – Analyse von Industrie- und
Dienstleistungsunternehmen, Wiesbaden, Gabler 2007

Morschett, D. / Schramm-Klein H. / Zentes J. (2008);
Einflussfaktoren auf die Wahl einer Markteintrittsstrategie – eine meta-analytische Untersuchung der Entscheidung zwischen Tochtergesellschaft und Kooperation, in: ZfB – Zeitschrift für Betriebswirtschaft, Vol. 78, Nr. 5, S. 509-551, 2008

Morschett, D. / Schramm-Klein H. / Zentes J. (2009);
Strategic International Management – Text an Cases, Wiesbaden, Gabler 2009

Nalebuff, B. / Brandenburger, A. (1996);
Coopetition – kooperativ konkurrieren. Mit der Spieltheorie zum Unternehmenserfolg,
Frankfurt/Main, New York, Campus, 1996

Nelson, R.R. (1991);
Why do firms differ and how does it matter, in: Strategic Management Journal, Vol. 12,
1991, S. 61-74

Neubert, M. (2008);
Internationale Markterschließung, 2. akt. und erw. Aufl. München 2008

Newbert, S.L. (2007);
Empirical Research on the Resource-based View of the Firm: An Assessment and Suggestions for Future Research, in: Strategic Management Journal, 28. Jg., Nr.2 , 2007, S.121-146

Nohria, N. / Goshal, S. (Hrsg.) (1997);
Die Differentiated Network: Organizing Multinational Corporations for Value Creation, San Francisco, CA, Jossey-Bass 1997

Oesterle, M.-J.(2003);
Kooperationen in Forschung und Entwicklung, in: Zentes, J. / Swoboda, B. / Morschett, D. (Hrsg.); Kooperationen, Allianzen und Netzwerke, Wiesbaden 2003, S. 631-658

Oliver, A.L. / Ebers,M. (1998);
Network Studies – San Analysis of Conceptual Configuration in the Study of Inter-organizational Relationships, in: Organization Studies, 19. Jg. Heft 4, 1998, S. 549-583

Pausenberger, E. (1992);
Organisation der internationalen Unternehmung, in: Frese, E. (Hrsg.), Handwörterbuch der Organisation, 3. Aufl. Stuttgart 1992, Sp. 1052-1066

Pausenberger, E. /Nöcker, R. (2000);
Kooperative Formen der Auslandsmarktbearbeitung, in: Zeitschrift für betriebswirtschaftliche Forschung, 52. Jg. Nr. 6, 2000, S. 393-412

Peng, M.W. (2001);
The Resource-based View and International Business, in: Journal of Management, Vol. 27, Nr. 6 2001, S. 803-829

Penrose, E.T. (1959);
The Theory of the Growth of the Firm, Oxford, 1959

Perlitz, M. (2002);
Spektrum kooperativer Internationalisierungsforen, in: Macharzina, K. / Oesterle, M.-J. (Hrsg.); Handbuch internationales Management. Grundlagen – Instrument – Perspektiven, 2. Auf. Wiesbaden 2002, S. 533ff.

Perlitz, M. (2004);
Internationales Management, 5. Aufl. Stuttgart 2004
Pfeiffer, W. / Weiß, E. (1994): Lean Management: Grundlagen der Führung und Organisation industrieller Unternehmen, 2. Aufl., Berlin: E. Schmidt, 1994

Phelps, C. (2010);
A Longitudinal Study of the Influence of Alliance Network Structure on Firm exploratory innovation, in: Academy of Journal Management, Vol. 53 No.4 2010, S. 890-913

Picot, A. (1982);
Transaktionskostenansatz in der Organisationstheorie: Stand der Diskussion und Aussagewert, in: Die Betriebswirtschaft, Nr. 2, 1982, S. 267-284

Picot, A / Reichwald R. / Wigand, R.T. (2003);
Die grenzenlose Unternehmung, 5. Aufl., Wiesbaden, Gabler 2003

Porter, M.E. (1980);
Competitive Strategy. Techniques for Analyzing Industries and Competitors. New York, The Free Press, 1980

Porter, M.E. (1985);
Competitive Advantage. Creating and Sustaining Superior Performance, New York, The Free Press, 1985

Porter, M.E. (1990);
The Competitive Advantage of Nations, Free Press New York 1990

Porter, M.E. (2008);
Wettbewerbsstrategie. Methoden zur Analyse von Branchen und Konkurrenten, 11. Aufl. Campus, Frankfurt / New York 2008

Porter, M.E. (2010);
Wettbewerbsvorteile. Spitzenleistungen erreichen und behaupten, 7. Aufl. Campus, Frankfurt / New York 2010

Porter, M.E. / Fuller, M.B. (1989);
Koalitionen und Globale Strategien, in: Porter, M.E. (Hrsg.), Globaler Wettbewerb: Strategien der neuen Internationalisierung, Wiesbaden 1989, S. 363-399

Prahalad, C.K. / Hamel, G. (1990): The Core Competence of the Corporation, in: Harvard Business Review, May/June 1990, S. 79-91

Prahalad, C.K. / Doz, Y.L. (1987);
The Multinational Mission. Balancing Local Demands and Global Vision, New York, London, The Free Press/Macmillan, 1987

Priem, R.L. / Butler, J.E. (2001);
Is the resource-based 'view' a useful perspective for strategic management research?, in: Academy of Management Review, 26. Jg., Nr. 1, 2001, S.22-40

Rasche, Chr. (1994);
Wettbewerbsvorteile durch Kernkompetenzen, Wiesbaden, Gabler, 1994, zugl. Diss. Bayreuth

Rogge, R. (2012);
Charakteristika und Typologien internationaler Unternehmensnetzwerke – Mit besonderem Fokus auf Informationsnetzwerke, Masterthesis, Fachhochschule der Wirtschaft FHDW, Paderborn 2012

Rousee, M.J. / Daellenbach, U.S. (2002);
More thinking on research methods for the resource-based perspective, in: Strategic Management Journal, 23. Jg., Nr. 10, 2002, S. 963-967

Rugman, A.M. / D'Cruz, J.R. (1997);
The theory of the flagship firm, in: European Management Journal, Vol. 1, Nr. 4 1997, S. 403-412

Rugman, A.M. / D'Cruz, J.R. (2000);
Multinationals as Flagship Firms – Regional Business Networks, Oxford – New York 2000

Rumelt, R.P. (1991);
How much does industry matter?, in: Strategic Management Journal, Vol.12, No.3, 1991, S. 167-185

Sanchez, r. / Heene, A. / Thomas, H. (1996);
Introduction – Towards the Theory and Practice of Competence-Based Competition, in: Dynamics of Competence-based Competition – Theory and Practice in the New Strategic Management, Oxford 1996, S. 1-35

Schlömer, M. / Hendrik, W. / Mauerer, I. / Wallau, F. (2013);
Die Wirkung dynamischer Fähigkeiten auf die Effektivität und Effizienz operativer Prozesse, in Zeitschrift für betriebswirtschaftliche Forschung, erscheint demnächst

Schmid, S. / Kutschker, M. (2003);
Rollentypologien für ausländische Tochtergesellschaften in Multinationalen Unternehmungen, in: Holtbrügge, D. (Hrsg.), Management Multinationaler Unternehmungen, Heidelberg, Physika-Verlag, S. 161-182, 2003

Schneider, U. (2003);
Interorganisationales Lernen in strategischen Netzwerken, in: Zentes, J. / Swoboda, B. / Morschett, D. (Hrsg.); Kooperationen, Allianzen, Netzwerke, Wiesbaden 2003, S. 985-1008

Schönsleben, P. (2002);
Integrales Logistikmanagement, Berlin u.a. 2002

Schramm-Klein, H. H. (2005);
Wettbewerb und Kooperation in regionalen Branchenclustern, in: Zentes, J. / Swoboda, B., Morschett, D. (Hrsg.),Kooperationen, Allianzen und Netzwerke. 2. Aufl. Wiesbaden 2005, S. 531-556

Schramm-Klein, H. (2012);
Internationale Markteintrittsstrategien – Eine Stat-of-the-Art-Betrachtung, in: Zentes, J. (Hrsg.), Markteintrittsstrategien. Dynamik und Komplexität, Gabler Wiesbaden 20012, S.23-50

Schreyögg, G. / Steinmann, H. (2005);
Management: Grundlagen der Unternehmensführung, 6. Auf., Wiesbaden, Gabler, 2005

Schwalbach, J. (1994);
Stand und Entwicklung der Industrieökonomik, in: Neumann, M. (Hrsg.), Unternehmensstrategie und Wettbewerb auf globalen Märkten, Berlin, S. 93-109, 1994

Sell, A. (2002);
Internationale Unternehmenskooperationen, 2. Auf., München, Wien, Oldenbourg, 2002

Semrau, T. / Werner, A. (2012);
The Two Sides of the Story: Network Investments and New Venture Creation, in: Journal of Small Business Management Vol. 50, Nr. 1 2912, S. 159-180

Singh, J. (2005);
Collaborative Networks, in: Strategic Networks as Determinants of Knowledge Diffusion Patterns, in: Management Science, Vol. 51 No.4 2005, S. 756-770

Stölzle, W. (1999);
Industrial Relationship, Oldenbourg München-Wien 1999

Stölzle, W. / Kirst, Ph. (2007)
Lieferantenintegration im Kontext des Global Sourcing, in: Bogaschewsky, R. (Hrsg.); Beschaffung vor dem Hintergrund der Globalisierung. Entwicklungen, Strukturen, Prozesse, Dresden 2007, S. 60-89

Street, C.T. / Cameron, A.-F. (2007);
External Relationship and the Small Business Alliance and Network Research, in: Journal of Small Business Management, Vol. 45, Nr. 2   2007, S. 239-266

Sydow, J. (1992);
Strategische Netzwerke. Evolution und Organisation, Wiesbaden, Gabler, 1992, zugl. Habil. FU Berlin

Sydow, J. (1994);
Franchisingnetzwerke. Ökonomische Analyse einer Organisationsform der Dienstleistungsproduktion und –distribution, in: Zeitschrift für Betriebswirtschaft, 64. Jg., Nr. 1, 1994, S.95-113

Sydow, J. (1995);
Unternehmensnetzwerke, in: Corsten, H. / Reiß, M. (Hrsg.), Handbuch der Unternehmensführung. Konzepte – Instrumente – Schnittstellen, Wiesbaden, Gabler, 1995, S. 159-169

Sydow, J. (2010);
Management von Netzwerkorganisationen – Beiträge aus der Managementforschung, Wiesbaden 2010

Sydow, J. / Duschek, S. (2011);
Management interorganisationaler Beziehungen, Stuttgart 2011

Sydow, J. / Duschek, S. / Rometsch, M. (2003);
Kompetenzentwicklung in Netzwerken – Eine Typologische Studie, Wiesbaden 2003

Tan, K. C. (2001);
A Framework of Supply Chain Management Literature, in: European Journal of Purchasing and Supply Management, 7. Jg., Nr. 1 2001, S. 39-48

Teece, D.J. (1981);
The Multinational Enterprise: Market Failure and Market Power Considerations, in: Sloan Management Review, 22. Jg., Frühjahr 1981, S.3-17

Teece, D.J. (1984(;
Economic Analysis and Strategic Management, California Management Review, Vol. 26, No.3, S87-110

Teece, D.J. (1986);
Transaction Cost Economics and the Multinational Enterprise, in: Journal of Economic Behavior and Organization, 7. Jg., o.Nr., 1986, S. 21-45

Teece, D.J. (2007);
Explicating Dynamic Capabilities: The Nature and Microfoundations of (Sustainable) Enterprise Performance, in: Strategic Management Journal, 28. Jg., Nr. 13, 2007, S. 1319-1350

Teece, D.J. / Pisano, G. (1994);
The dynamic capabilities of firms: An introduction, in: Industrial and Corporate Change, Vol. 3 Nr. 3, 1994, S. 537-556

Teece, D.J. / Pisano, G. / Shuen, A. (1997);
Dynamic Capabilities and Strategic Management, in: Strategic Management Journal, 18. Jg., Nr. 7, 1997, S. 509-533

Theuvsen, L. (2001);
Kernkompetenzorientierte Unternehmensführung, in: Das Wirtschaftsstudium, 30. Jg., Heft 12, 2001, S. 1644-1650

Thorelli, H.B. (1986);
Networks between Markets and Hierarchies, in: Strategic Management Journal, 7. Jg. Heft 1, 1986, S. 37-51

Wald, A. (2003); Netzwerkstrukturen und –effekte in Organisationen – Eine Netzwerkanalyse in internationalen Unternehmen, Wiesbaden 2003

Watson, J. (2007);
Modeling the Relationship between Networking and Firm Performance, in: Journal of Business Venturing, Vol. 22 Nr.6 2007, S. 852-874

Welge, M.K. /Al-Laham, A. (2012);
Strategisches Management. Grundlagen–Prozess– Implementierung, 6. Aufl. Gabler Wiesbaden 2012

Wernerfelt, B. (1984);
A Resourced-Based View of the Firm, in: Strategic Management Journal, 5. Jg., Nr. 2, 1984, S. 171-180

Wernerfeldt, B. (1995);
The resource-based view of the firm: ten years after, in: Strategic Management Journal, 16. JG, Nr. 3, S. 171-173

White, R.E. / Poynter, Th.A. (1990);
Organizing for World-wide Advantage, in: Bartlett, Ch.A. / Doz, Y. / Hedlund G. (1990 Hrsg.), Managing the Global Firm, Routledge, London New York 1990, S. 95-113

Williams, J.R. (1992);
How Sustainable Is Your Competitive Advantage?, in: California Management Review, 34. Jg., Nr. 3, 1992, S. 29-51

Williamson, O.E. (1975);
Markets and Hierarchies: Analysis and Antitrust Implications. A Study in the Economics of Internal Organization, New York, NY, The Free Press, 1975

Williamson, O.E. (1990);
Die ökonomischen Institutionen des Kapitalismus: Unternehmen, Märkte, Kooperationen (The Economic Institutions of Capitalism, 1985) Tübingen, Mohr, 1990

Witt, P. (2004);
Entrepreneurs' Network and the Sucess of Start-Ups, in: Entrepreneurship and Regional Development, Vol. 16, Nr. 5 2004, S. 391-412

Wittenberg, S. (2006);
Gestaltung interner Märkte in Unternehmensnetzwerken, Lohmar 2006

Wittig, A. (2005);
Management von Unternehmensnetzwerken. Eine Analyse der Steuerung und Koordination von Logistiknetzwerken, DUV Wiesbaden 2005

Zentes, J. (Hrsg.) (2012);
Markteintrittsstrategien. Dynamik und Komplexität, Gabler Wiesbaden 2012

Zentes, J./ Swoboda, B. / Morschett D. (2004);
Internationales Wertschöpfungsmanagement, München 2004
Zentes, J./ Swoboda, B. / Morschett D. (Hrsg.) (2005);
Kooperationen, Allianzen und Netzwerke (2. Aufl.) Wiesbaden, Gabler 2005

Zentes, J. / Swoboda, B. / Schramm-Klein H. (2010);
Internationales Marketing, 2. überarb. Aufl. München 2010

Zhao, H. / Luo, Y. / Suh, T. (2004);
Transaction Cost Determinants and Ownership-Based Entry Mode Choice. A Meta-Analytical Review, in: Journal of International Business Studies, Vol. 35 2004, S. 524-544